FANTAISIES

DROLATIQUES ET BURLESQUES,

par

A. DANIS.

WAZEMMES,
IMPRIMERIE DE HOREMANS, LIBRAIRE.
1850.

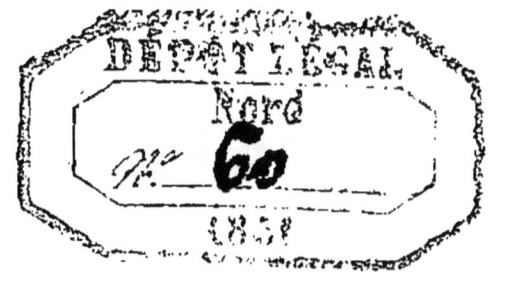

FANTAISIES

DROLATIQUES & BURLESQUES

1850.

Parlez d'unn' position me v'la raid' comm' unn' pique,
Pour un écu tout rond j'm'ai mis dins ch' l'intonoir.
J'in donn'ros chins d'écus pour laicher là l'boutique.
J'croé qa'ch'est pou m'faire aller qu'on m'a donné ch' l'avoir
Ch'est unn blagne assuré vethez ch' paltot comique,
M'empêch'ra si vieut bien d'funmer jusqu'au brun soir.

FANTAISIES
Drôlatiques et Burlesques,

PAR

A. DANIS.

AUX LECTEURS.

A rendre mes chansons correctes j: m'applique,
　　Mais lorsqu'on trouvera
Matière à me blâmer, alors... de la critique...
　　Service on me rendra :
Si l'auteur est mauvais, il se corrigera.......

WAZEMMES,
IMPRIMERIE DE HOREMANS, LIBRAIRE.
1850.
1851.

PRÉFACE.

M

Comme j'eus l'honneur de vous l'annoncer dans la notice jointe au petit recueil de Chansons et Pochades Lilloises, publié en Avril 1849, et après avoir obtenu tout l'appui que je sollicitais alors, bienveillance pour laquelle j'adresse mes remerciements bien sincères aux personnes obligeantes qui voulurent bien honorer mes listes de leurs signatures en souscrivant à l'avance pour ce second ouvrage; je vais m'efforcer de remplir la tâche que je me suis permis d'entreprendre, puissé-je avoir bien saisi le sens dans lequel il faut écrire, pour amener par la publication de mes œuvres, les améliorations qu'il serait au mieux de voir exister déja; pour cela, je me suis attaché au sentiment, à la sensibilité, laissant parfois les mots facétieux, comiques, pour donner la préférence à d'autres phrases, appelées peut-être à apporter un bien nécessaire dans la classe qu'il est question d'éclairer.

Le patois lillois prête singulièrement au genre comique, par ses tournures de phrases bizarres, originales, employées dans son parlé, et par les réflexions biscornues et saugrenues faites et reproduites par les habitants du pauvre quartier de notre ville, avec tout cela, un auteur trouve, son génie aidant, matière à traiter mille sujets divers, mais ce n'est malheureusement qu'en relevant tous ces défauts, et selon moi, on doit craindre en écrivant ainsi, de s'attacher par trop à faire rire et distraire une classe au détriment de l'autre, car il faut s'appuyer sur un principe réellement incontestable, c'est qu'en tournant vos compatriotes au ridicule vous les indisposez à l'égard de toutes bonnes choses et vous ne faites alors qu'aigrir leurs caractères, tandis qu'en leur supposant de bons sentiments, en leur prêtant des qualités qu'ils n'ont peut-être pas, vous les engagez à les posséder, c'est là le bien que nous devrions être jaloux d'apporter à la population et cela dans l'intérêt de notre belle et grande cité.

Comme on pourra le voir en parcourant cet ouvrage, j'ai cru bon de ne point m'attacher spécialement au patois de Lille, de cette façon, peut-être aurai-je que je me suis permis d'entreprendre, puissé-je avoir bien saisi le sens dans lequel il faut écrire, pour amener par la publication de mes œuvres, les améliorations qu'il serait au mieux de voir exister déja; pour cela, je me suis attaché au sentiment, à la sensibilité, laissant parfois les mots facétieux, comiques, pour donner la préférence à d'autres phrases, appelées peut-être à apporter un bien nécessaire dans la classe qu'il est question d'éclairer.

Le patois lillois prête singulièrement au genre comique, par ses tournures de phrases bizarres, originales, employées dans son parlé, et par les réflexions biscornues et saugrenues faites et reproduites par les habitants du pauvre quartier de notre ville, avec tout cela, un auteur trouve, son génie aidant, matière à traiter mille sujets divers, mais ce n'est malheureusement qu'en relevant tous ces défauts, et selon moi, on doit craindre en écrivant ainsi, de s'attacher par trop à faire rire et distraire une classe au détriment de l'autre, car il faut s'appuyer sur un principe réellement incontestable, c'est qu'en tournant vos compatriotes au ridicule vous les indisposez à l'égard de toutes bonnes choses et vous ne faites alors qu'aigrir leurs caractères, tandis qu'en leur supposant de bons sentiments, en leur prêtant des qualités qu'ils n'ont peut-être pas, vous les engagez à les posséder, c'est là le bien que nous devrions être jaloux d'apporter à la population et cela dans l'intérêt de notre belle et grande cité.

Comme on pourra le voir en parcourant cet ouvrage, j'ai cru bon de ne point m'attacher spécialement au patois de Lille, de cette façon, peut-être aurai-je trouvé les moyens de plaire en me faisant comprendre par tous, car, n'avons nous point, pour exemple, des gens qui, tout parlant le patois de la cité, ayant été élevés et appris à s'exprimer ainsi, seraient moins aptes à lire ce jargon, toujours difficile à déchiffrer, que le français pur et correct ? Si ces mêmes personnes ont reçu quelqu'éducation, le temps qu'elles ont pu sacrifier à l'étude fut consacré tout entier à la langue française et non au jargon qu'elles ne pourraient écrire, le bien lire même est encore chose difficile pour elles.

Cela tient peut-être aux différentes manières d'écrire qu'ont eu jusqu'ici messieurs mes collègues, ainsi lisez Desrousseaux, Bouly, Quesney, et vous reconnaîtrez alors qu'ils ont chacun leur système orthographique, l'un recherche les hiatus tandis que l'autre les évite, enfin bien d'autres exemples s'offriront à vos yeux.

Qui de nous à tort ? Vous seuls lecteurs êtes à même d'en juger par la facilité ou la difficulté que vous éprouvez à lire tel ouvrage plutôt que tel autre; quant à moi, sans vouloir prétendre avoir plus raison que mes collègues, je m'attache à franciser mon patois en m'approchant autant que possible de la langue, de manière à ce que la traduction soit faite promptement et le style aussitôt saisi, si c'est un tort, l'expérience me le fera reconnaître plus tard, alors je me corrigerai.

Pour l'instant, je travaille théoriquement, c'est-à-dire comme les règles de poésie l'exigent, sans me rendre esclave de la rime, je tiens à ce qu'elle soit bonne, je voudrais enfin qu'il y eut quelque mérite à traiter le patois lillois, car je suis obligé d'en convenir moi-même, lorsqu'il ne s'agirait que de reproduire une idée sans observer aucune règle, vous pouriez réussir à faire quelque chose de bien, de très-drôle, mais le mérite n'en serait pas grand, tandis qu'en s'entourant des difficultés voulues pour rendre le jargon lisible et compréhensible, il sera plus difficile d'arriver à bon résultat, il est vrai, mais par cela même que cette fois vos œuvres seront toutes traitées d'une manière classique, vos lecteurs reconnaîtront cette innovation, votre talent même, et vous jouirez alors d'une réputation dûment acquise et bien méritée.

Danis.

Le Marchand de Pain d'Épices

LE MARCHAND DE PAIN D'ÉPICES,

ou

Le Mercredi des Cendres.

Air : Allez vous-en, Gens de la Noce.

I.

I faut, mes gins, que j'vous raconte
Unn' histoire qui m'fait du chagrin :
Ch'est triste et j'peux bien vous réponte
qu'j'in brai d'puis l'brun soir qu'au matin,
M'n homme n'a-t-i point fourré dins s'tiète,
Pour vir ses infans mieux nippés,
    D'vind' des carrés,
    Des gauqu' et d's œuës,
Les diminche et les jours de fiête,
Vottiez comm' nous somm's lapidés.

II.

On l'fait toudis tourner bourrique,
Diminch'passé, mon Dieu que ju !....
N'ya pus d'la mitant de s'boutique
Quelle a passé je n'sais poin u.
Lad'ssus mi j'veux li faire un r'proche,
I m'dit tout t'nant sin patalon :
   R'vettiez, Mad'lon,
   Un grand capon
M'a versé de l'bièr' tout plein m'poche,
In m'digeant tiens ! r'tourne à t'mason.

III.

Ch'est à ch'ti qui li f'ra des niches,
Unn fos j'li lav' sin bourgeron,
Et pour des gins qui n'sont point riches,
I s'in va tout prop' de l' mason.
Tros heure après Lisa vient m'dire :
« Mad'lon ! Rodophe est d'dins l'ru d'Pods,
  » Prinds tes chabots,
  » Vas vir unn' fos,
» Malgré tin malheur te d'vras rire,
» Il est à plat vint' sus sin dos. »

IV.

A ch'l'époqu' chacun fait des siennes ;
Ch'étot l'lend'main du Garneval,
L'jour des Chintes, j'passos les miennes,
Et pour sortir i faigeot sal,
Tant pir, que j'dis, courons, du leste,
J'parte avec mes chabots d'unn' main,
  J'arrive infin
  Pour min chagrin,
J'vos m'n homme intortillé d'unn' veste
Aveuc un capiau d'arlequin.

V.

Cracl v'la qui bourle unn' crann' daquoire,
J'étos fraiqui comme un pichon,
Pour completter chell' bielle histoire,
J'sins bien m'quemich' mais pus d'jupon !
Des garchonnals remplis d' malice,
Pindant qu'on riot d'min balou,
  Etott' à g'noux
  A tros pas d'nous,
Qui mingeottent min pain-népice
Et mes bâtons d'chuc d'org' d'un sou.

VI.

Je m'dis, ch'est unn' petite affaire,
Pinsons putot... au pus grand ma,
In r'vettiant m'n homm' j'ai l'cœur de braire,
U ch' qu'on l'la r'habillé comm' cha?...
I m'dit : Mad'lon, tout l'mond' s'étonne
De m'vir rester dins m'position,
    Compernez donc
    M' désolation,
Honteux de m'trouver sans maronne,
Je n'boug'ros pus pour un gambon.

VII.

Bon, v'la qui faut malgré l'averse
In deux tems courir à m' mason,
L' quartier S' Sauveur je l' traverse,
J'li rapporte un vieux patalon;
Mais v'la, ch'est qui n'a pus d' casquette,
Vite j'cach' dins m'n esprit malin
    Unn' séquoi d'fin,
    Et j' trouve enfin
Qui vaut mieux l' vir en colinette
Que d' varder ch' capiau d'arlequin.

VIII.

us arites ri de m' quémiche,
vayot mes forme au grand jour,
garchon m' dit. « Té f'ros du piche
hacharl' si r'ven'rot.... que tour?...
sez quand qu'unn femme u qu'unn fille!
t s'trouver dins chell' position !
  Loin de s'mason,
  Ch'est là l' guignon ;
s l'dos de m'n homme j'grimpe habile,
ir mucher chin qui m'reste d'bon.

IX.

dis, tiens là-bas l'fabrique marche,
us, nous s'lav'rons à l'pompe à fu ,
sitôt nous s'donnons du larche,
s chés garchons criotte : ah ! hu !..
s v'la vis-à-vis d'chez m'cousine,
y r'connot, Mad'lon, qui m'dit,
  J' m'in vas, ichi,
  Trouver un lit ;
ns, i n'faut point qu'cha t'chagrine ,
ir chell' nuit chi té f'ras sans mi.

VI.

Je m'dis, ch'est unn' petite affaire,
Pinsons putot... au pus grand ma,
In r'veuiant m'n homm' j'ai l'cœur de brai
U ch' qu'on l'la r'habillé comm' chai
I m'dit : Mad'lon, tout l'mond' s'étou
De m'vir rester dins m'position,
  Compernez donc
  M' désolation,
Honteux de m'trouver sans maronne,
Je n'boug'ros pus pour un gambon.

VII.

Bon, v'la qui faut malgré l'averse
In deux tems courir à m' mason,
L' quartier S' Sauveur je l' traverse,
J'li rapporte un vieux patalon;
Mais v'la, ch'est qui n'a pus d' casquet
Vite j'cach' dins m'n esprit malin
  Unn' séquoi d'fin,
  Et j' trouve enfin
Qui vaut mieux l' vir en colinette
Que d' varder ch' capiau d'arlequin.

VIII.

Vous arites ri de m' quémiche,
On vayot mes forme au grand jour,
Un garchon m' dit. « Té f'ros du piche
A Chacharl' si r'ven'rot.... que tour?...
Pinsez quand qu'unn femme u qu'unn fille!
Drot s'trouver dins chell' position!
　　　Loin de s'mason,
　　　Ch'est là l' guignon;
Sus l'dos de m'n homme j'grimpe habile,
Pour mucher chin qui m'reste d'bon.

IX.

J'li dis, tiens là-bas l'fabrique marche,
viens, nous s'lav'rons à l'pompe à fu,
Aussitôt nous s'donnons du larche,
Tous chés garchons criotte: ah! hu!..
Nous v'la vis-à-vis d'chez m'cousine,
I s'y r'connot, Mad'lon, qui m'dit,
　　　J' m'in vas, ichi,
　　　Trouver un lit;
Allons, i n'faut point qu'cha t'chagrine,
Pour chell' nuit chi té f'ras sans mi.

X.

Nous introns chez m'cousin' Charlotte,
Et ch'est m'n homm' qui passe in avant ;
Chell pauv' fille d'frayeur vient sotte,
Ell' prind Dodoph' pour un r'venant.
Berdaff !... ell' laich' bourler s'caudelle,
Sus l's émonté nous v'là perdus,
    D' tous chés biaux jux
    N'in voulant pus,
M'n homm' restot là comme unn' ct'nielle,
J'veux l'l'intraîner j'qué sus min bras.

XI.

Je n'vous ai point dit l'avinture,
Quand qu'j'ai couru jusqu'à m'mason ;
M' cave étot fermée à l'serrure
Et j'intinds brair' min p'tit garchon,
Du mêm' momint je r'chos sus m'tiéte
Unn' séquoi qui coul' dins min cou,
    Compernez vous ?...
    Ch'étot Ledoux
Qui j'tot du tun-tun pa l'ferniète
Et cha sans crier : gar ! du d'zous.

XII.

 fin, mes gins, pour tout vous dire,
 n' faudrot bien huit jour au moins.
 us chés séquois vous ont fait rire,
 l'est fait pour cha, mi j'n'in ris point.
 algré l'malheur, chacun m' répète,
 ichez vous n'homm' fair' sin métier,
  Non, un filtier,
  Pauve ouveurier!...
 ur éviter les cass'mints d'tiête,
 ch' l'état n' drot jamais busier.

XIII.   (Morale),

 s gens, vous aimez trop à rire,
 mal est pour vous un amour,
 cependant, qui pourrait dire,
 e malheureux à votre tour,
 us ne ferez point ce commerce
 utôt que de tendre la main.
  Le cœur humain,
  Oui dès demain,
 spectez celui qui l'exerce,
 laissez-le gagner son pain.

X.

Nous introns chez m'cousin' Charlotte,
Et ch'est m'n homm' qui passe in avant
Chell pauv' fille d'frayeur vient sotte,
Ell' prind Dodoph' pour un r'venant.
Berdaff !... ell' laich' bourler s'candelle
Sus l's émonté nous v'la perdus,
  D' tous chés biaux jux
  N'in voulant pus,
M'n homm' restot là comme unn' cl'nielle
J'veux l'l'intrâiner j'qué sus min bras.

XI.

Je n'vous ai point dit l'avinture,
Quand qu'j'ai couru jusqu'à m'mason ;
M' cave étot fermée à l'serrure
Et j'intinds brair' min p'tit garchon,
Du mêm' momint je r'chos sus m'tiéte
Unn' séquoi qui coul' dins min cou,
  Compernez vous ?...
  Ch'étot Ledoux
Qui j'tot du tun-tun pa l'ferniète
Et cha sans crier : gar ! du d'zous.

XII.

Enfin, mes gins, pour tout vous dire,
I m' faudrot bien huit jour au moins.
Tous chés séquois vous ont fait rire,
Ch'est fait pour cha, mi j'n'in ris point.
Malgré l'malheur, chacun m' répète,
Laichez vous n'homm' fair' sin métier,
  Non, un filtier,
  Pauve ouveurier!...
Pour éviter les cass'mints d'tiète,
A ch' l'état n' drot jamais busier.

XIII.   (Morale).

Mes gens, vous aimez trop à rire,
Le mal est pour vous un amour,
Et cependant, qui pourrait dire,
Que malheureux à votre tour,
Vous ne ferez point ce commerce
Plutôt que de tendre la main.
  Le cœur humain,
  Oui dès demain,
Respectez celui qui l'exerce,
Et laissez-le gagner son pain,

Une Habitante du Réduit

Réduite à balayer les réduits.

Air : Dis-moi, soldat, dis-moi, t'en souvi us-tu?

I.

Du tems passé pour mi j'avos l'jeunesse,
Gagnant d' l'argint, j' mingeos quand
[qu'j'avos faim],
Mais aujord'hui chin qui cause m'tristesse,
Ch'est qu'bien souvin à m'mason n'ya
[point d'pain].
A ramoner, vettiez me v'la réduite,
S'vir arringer comm' cha dins ses vieux jours;
Pitié mon Dieu, fait's me morir tout d'suite!
Sus ch' monde alors j'n'arai pus b'soin de s'cours.

Une femme du réduit.

II.

J'avos dins l'tems tout l'honheur in partache,
Un biau p'ti homm' qui m'aimot comm'
[ses yeux,
Pindant siept ans, point d'dispute in ménache,
Tout l'un pour l'aut' ah! qu'nous étime heureux.
Un écauff'min à fait morir Batisse,
Et j'ai resté vèfe aveuc deux garchons.
A dix-j-huit ans, Ambroisse a l'fait l'bêtisse
De s' mett' tambour, l'aute est dins les
[prigeons.

III.

Imprigeonné! compernez vous l'affaire?...
n'y a-t-i point là l'sujet d'un fond d'chagrin,
T'nez je n'sus pus dins m'n assiette ordinaire,
D'puis que l'justice à cloé ch'libertin.
Sin frère Ambroisse est parti pou l'Afrique,
D'puis bien lointems j'sus sans nouviell' de li,
D'un gueux d'bédouin bien sûr il a r'chu
[s'trique,
J'n'ai pus d'espoir del le r'vir auprès mi.

IV.

J'vos tous les jours que m'santé dégringole,
Et j'vodros bien pour oublier min ma,
Quel'bon Dieu faich' qu'aujord'hui m'n àm'
[s'invole,

Pou n'poin aller morir à l'hôpita.
A bien piuser comme unn' pièche inutile,
Me v'la r'jeté des parints, des amis.
Pitié! mon Dieu, fait's me morir habile,
Min dernier d'sir ch'est d'vir vou paradis.

V.

Pour cha j'ai fait pindant tout m'n existence,
Min d'voir de femme in servant min prochain;
Vivant toudis in indurant m'souffrance,
J'avos l'espoir qu'il irot mieux l'lend'main.
Un jour à l'fos, vettiez comme l'tems passe,
N'ya pus d'trinte ans que j'demande à morir.
Pitié! mon Dieu, d'êt' sur tierre j'sus lasse.
Pour l'auter monde allons fait's me partir.

VI. *(Morale)*.

Quand la douleur accable sur ce monde
Un pauvre au cœur honnête et vertueux,
Oui, lorsqu'il voit sa misère profonde,
Et que vieillard il est bien malheureux,
Pour mendier il a l'âme trop fière,
Et cependant attristé par son sort,
Vous l'entendez dire dans sa prière:
Pitié! mon Dieu, je demande la mort.

Philippe André.

Ph'lippe-André l'Propriétaire,

OU DESTRUCTION CERTAINE DES ANIMAUX MALFAISANTS.

Sur l'Air : Je ne veux plus aller faire ni
vendanges ni moissons.

I.

J'm'in vas vous dire unn' histoire,
Vous rirez comm' des bochus,
Chaqu' fos qu'je l'conte, on peut m'croire,
Chacun m'dit qu'i n'in peut pus.
Ch'est au point qu'l'aut' jour Lilique,
D'rire à vint' déboutonné,
Tout comme unn' pompe hydrolique,
Elle a fraiqui sin planqué.

II.

Chin qui faut que j'vous apprenne,
Ch'est que j'sus mait' de masons,
Je n'n'ai peut ête unn' dix-j-aine,

Chés monts d'briques n'sont guèr' bons.
Chés pauv'gins, mes locataires,
Vienn'tent braire à tous mominls,
J'aim'ros mieux prind' dix cristères,
Qu'd'avoir tant d'désagrémints.

III.

Ch'ti chi vient dire ia des puches,
A nous fair' danser tou seu ,
Chés p'tit's coquine ont leu muches,
Pou s'mette' dins l'jour on n'peut mieux.
Mais sitôt que l'soir approche,
On les sint tout l'long d'sin d'os,
J'pari d'mette m'main dins m'poche,
Que j'vous in r'tire au moins tros.

IV.

Ch'ti là vient pou les punaches,
In m'assurant qu'sin bos d'lit,
Rinferme au moins chint ménaehes,
D'tous chés bétails qu'i maudit.
Puis v'là qu'i m'dit si j'sommeille,
Vous êt' bien sûr qu'aussitôt ,
Unn' punach' grimpe à m'n'oreille,
Et gratte à m'faire tourner sot.

V.

'auter fos l'fille à Cath'rine,
ient pou m'moutrer l'bas d'ses reins,
ll' me dit r'vettiez quell' mine,
achucté par les cousins.
'long d'unn' nuit ch'n'est qu'unn' prom'nate,
sont pou l'moins deux tros chints,
insi, pinsez si cha gratte,
on seul'mint déhors, mais d'dins.

VI.

es masons tienn'te à l'rivière,
h'est un malheur pour chés gins,
mbrosine l'dintellière,
ient d'avoir tros écauff'mints.
igurez-vous qu'unn' grosse ratte,
irfouillant dins ses fusiaux,
ient d'li réduire d'un cop d'patte,
in dint'let tout in morciaux.

VII.

ou n'point vir mes masons nettes,
ieu sait ch'in qui m'a fallu,
ou calmer femme et fillettes,
ifin j'ai trouvé l'vrai ju.

Chés monts d'briques n'sont guèr' bor
Chés pauv'gins, mes locataires,
Vienn'tent braire à tous momints,
J'aim'ros mieux prind' dix cristères,
Qu'd'avoir tant d'désagrémints.

III.

Ch'ti chi vient dire ia des puches,
A nous fair' danser tou seu,
Chés p'tit's coquine ont leu muches,
Pou s'mette' dins l'jour on n'peut mieu
Mais sitôt que l'soir approche,
On les sint tout l'long d'sin dos,
J'pari d'mette m'main dins m'poche,
Que j'vous in r'tire au moins tros.

IV.

Ch'ti là vient pou les punaches,
In m'assurant qu'sin bos d'lit,
Rinferme au moins chint ménaches,
D'tous chés bétails qu'i maudit.
Puis v'là qu'i m'dit si j'sommeille,
Vous ét' bien sûr qu'aussitôt,
Unn' punach' grimpe à m'n'oreille,
Et gratte à m'faire tourner sot.

V.

L'auter fos l'fille à Cath'rine,
Vient pou m'moutrer l'bas d'ses reins,
Ell' me dit r'veïtiez quell' mine,
Machucté par les cousins.
L'long d'unn' nuit ch'n'est qu'unn' prom'nate,
I sont pou l'moins deux tros chints,
Ainsi, pinsez si cha gratte,
Non seul'mint déhors, mais d'dins.

VI.

Mes masons tienn'te à l'rivière,
Ch'est un malheur pour chés gins,
Ambrosine l'dintellière,
Vient d'avoir tros écauff'mints.
Figurez-vous qu'unn' grosse ratte,
Farfouillant dins ses fusiaux,
Vient d'li réduire d'un cop d'patte,
Sin dint'let tout in morciaux.

VII.

Pou n'point vir mes masons nettes,
Dieu sait ch'in qui m'a fallu,
Pou calmer femme et fillettes,
Infin j'ai trouvé l'vrai ju.

V'là ch'que j'ai dit.... pour vous plaire,
Et pour vous servir un jour,
J'vas vous raconter l'affaire,
Cha fait qu'vous connaîtrez l'tour.

VIII.

V'là l' vrai r'méd' pour les punaches :
Vous soufflez l'candelle alors,
Pour les rind' tertous ben-aches,
Tout d'un cop vous criez : j'dors.
Puis v'là chin qui les imbroule,
Pou n'point les vexer par trop,
Les pieds d'lit on l's imbarboule,
Avec un quartron d'chirop.

IX.

Pernons qu'vous avez des puches,
Vous les sintez, n'dites rien,
Chés mam'zell' biet's comm' des cruches,
Vienn'tent pour souper, ch'est bien.
Vous pernez pou ch'l'infilure,
L'ramon qu' vous trouvez dins l'coing,
Vous donnez sur vou figure,
Unn' bonn' dégélé d' cops d'poing.

X.

Mettons qu'vous avez des rattes,
D'vous in fair' quitt' ch'est certain,
Vous l's impoignez par les pattes,
In les serrant fort d'unn' main,
D'laut' vous pernez uun' serpette,
In leu faigeant d's yeux malins,
Et puis vous leu copez l'tiête,
In tapant sur l'bas des reins.

XI.

J'sais qui n'y a rien d'pus cruelle,
Mais pour cha mi j'connos l'chic,
Quand qu'unn' puche est d'dins l'oreille,
Bouchez l'l'avé du mastic.
L'auter jour unn' grand' punache,
Étot rentré d'vinez û?...
Din l'tro d'min pus gros visache,
J'ai mi de l'paille et puis l'fu.

XII.

Mes brav's gins v'là comm' j'arrinche,
Mes locataires effarés,
Si l'invi d'braire les déminche,
Je l's ai sitôt rapagés.

Autermint sans chés rubriques,
N'y arot point d'avanch' vraimint,
D'avoir quequ's minchants monts d'briques,
Cha n'rapport'rot point d'argint.

Dominique.

DOMINIQUE AU BUREAU DE VENTES.

Air du Carillonneur, de Béranger.

REFRAIN :

Derlin, din, din, din, din, din, din, din,
A m'boutique ià toudis vint' publique,
Accatez putô ichi mes gins,
Car déhor on vous mettrot d'dins.

I.

V'là deux heure il est temps pou la cloche,
Faut prév'nir les fripiers, les marchands,
Is aront soin de ch'ti qui l' haloche,
Du coràche, attirons les chalands.

    Derlin, din, din, din, etc.

II.

D'puis trinte ans que j'sut au bureau d'vinte
J'ai-t-i vu d's objets nouviaux et vieux,
On y vind cha n'dot point vous surprinte,
Tout pêl-mêl' des diables, des bons-dièux.

Derlin, din, din, din, etc.

III.

A-t-on b'soin des séqueis les pus drôles,
On les trouve d'dins nos magasins,
Pou l's ogeaux, garchons, j'ai des guéôles,
Pou les fille i gn'a des cafotins.

Derlin, din, din, din, etc.

IV.

A m' boutique on inlieve, on rapporte,
Ch'est toudis comme un déménag'mint.
L'auter fos unn' grand' diabless' de porte
M'a surpris d'dins un vilain momint.

Parlé. Elle a queu sur mi au momint qu'j'étos à croucrou, que j'faigeos..... quoich'que j'faigeos donc?... Ah? j'y sus.... j'étos in train d'ingraisser l'gardin.

Derlin, din, din, din, etc.

V.

Hier j'ai pris l'mobilier d'unn' jeunn' fille
Qu'ell' voulot s'in-aller vir Paris;
Ell' m'a dit, monsieur, j'm'imbête à Lille,
Là j'arai des séquois pus jolis.

Parlé. Elle m'a dit qu'chell' ville ichi li
faigeot l'effet d'un *lav'mint*, d'puis l'tems
qu'un *Cirugien* l'l'avot planté là comme
unn' *méd'cine*; mi j'li ai répondu, fillette,
vous êtes d'dins un *cas* à tourner à l'intour
du *pot*, si j'ai un conseil à vous donner,
ch'est d' faire à vous mote.

Derlin, din, din, din, etc.

VI.

L'auter fos un vieux célibataire,
Accatant deux minchants patalons,
A trouvé dins les poch's pou s'distraire,
D'bonn's aiwuil's pour li r'coud' ses boutons.

Parlé. Ch'n'est point tout chuc d'éte
marié, d'aumoins, mi j'in sais unn' séquois.

Derlin, din, din, din, etc.

II.

D'puis trinte ans que j'sut au bureau d'vinte
J'ai-t-i vu d's objets nouviaux et vieux,
On y vind cha n'dot point vous surprinte,
Tout pêl-mêl' des diables, des bons-dieux.

 Derlin, din, din, din, etc.

III.

A-t-on b'soin des séquois les pus drôles,
On les trouve d'dins nos magasins,
Pou l's ogeaux, garchons, j'ai des guéôles,
Pou les fille i gn'a des cafotins.

 Derlin, din, din, din, etc.

IV.

A m' boutique on inliève, on rapporte,
Ch'est toudis comme un déménag'mint.
L'auter fos unn' grand' diabless' de porte
M'a surpris d'dins un vilain momint.

 Parlé. Elle a queu sur mi au momint qu'j'étos à croucrou, que j'faigeos..... quoich'que j'faigeos donc?... Ah? j'y sus.... j'étos in train d'ingraisser l'gardin.

 Derlin, din, din, din, etc.

V.

Hier j'ai pris l'mobilier d'unn' jeunn' fille
Qu'ell' voulot s'in-aller vir Paris;
Ell' m'a dit, monsieur, j'm'imbête à Lille,
Là j'arai des séquois pus jolis.

Parlé. Elle m'a dit qu'chell' ville ichi li faigeot l'effet d'un *lav'mint*, d'puis l'tems qu'un *Cirugien* l'l'avot planté là comme unn' *méd'cine*; mi j'li ai répondu, fillette, vous êtes d'dins un *cas* à tourner à l'intour du *pot*, si j'ai un conseil à vous donner, ch'est d' faire à vous mote.

Derlin, din, din, din, etc.

VI.

L'auter fos un vieux célibataire,
Accatant deux minchants patalons,
A trouvé dins les poch's pou s'distraire,
D'bonn's aiwuil's pour li r'coud' ses boutons.

Parlé. Ch'n'est point tout chuc d'éte marié, d'aumoins, mi j'in sais unn' séquois.

Derlin, din, din, din, etc.

VII.

L'proverbe dit, qui s'mari prind sin maite,
Ch'cros qu'ch'est vrai, si tous l's homm' sont
(comm'mi
J's'ros herneux que m'femme ming'rot peut ête,
L'fond d'boutique, ouf! cha m'cass' l'appétit.

 Derlin, din, din, din, etc.

VIII.

Un filtier in m'consultant d'avanche,
Pourtrint'sous vient d'faire un bon marqué.
J'liai vindu deux gilets d'laine à manche,
Et pa d'ssus unn' capote à sous-pieds.

 Derlin, din, din, din, etc.

IX.

Arrivez, gins qui s'mettent d'promesse,
Ichi d'dins gn'a pus d'un bon calit,
Des mat'lats d'étoupe on peu à s'n aisse,
Sans gâter l'laine arroser sin lit.

 Derlin, din, din, din, etc.

X.

Un inglais qui s'trouve d'dins l'débile,
Veut s'défaire d'tros portraits soignés,

veut vinde s'nonque et s'tante à l'huile,
t sin pèr' qui sont morts incadrés.
    Derlin, din, din, din, etc.

XI.

lin métier m'donne assez bien d'gagnache,
lais tout parte et m'femme à qui j'définds
e s' mêler de m's affair' j 'uai point j'gache
ourner l'e.(dos) quell' vient mett' sin nez d'dins.
    Derlin, din, din, din, etc.

MORALE.

la vente lorsqu'on vous appelle,
'allez pas acheter de hasard,
royez-moi, la farce est souvent belle,
ous voyez que vous êtes.... trop tard.
igue, digue, don, din, di, din, don.
ous payez, la chose est bien réelle,
e vieux plus cher que s'il était bon,
ui, vous êtes toujours dindon.

VII.

L'proverbe dit, qui s'mari prind sin maite
Ch'cros qu'ch'est vrai, si tous l's homm' son
(comm'm
J's'ros berneux que m'femme ming'rot peut éte
L'fond d'boutique, ouf! cha m'cass' l'appétit.

Derlin, din, din, din, etc.

VIII.

Un filtier in m'consultant d'avanche,
Pourtrint'sous vient d'faire un bon marqu
J'liai vindu deux gilets d'laine à manche
Et pa d'ssus unn' capote à sous-pieds.

Derlin, din, din, din, etc.

IX.

Arrivez, gins qui s'mettent d'promesse,
Ichi d'dins gn'a pus d'un bon calit,
Des mat'lats d'étoupe on peu à s'n aisse,
Sans gâter l'laine arroser sin lit.

Derlin, din, din, din, etc.

X.

Un inglais qui s'trouve d'dins l'débile,
Veut s'défaire d'tros portraits soignés,

I veut vinde s'nonque et s'tante à l'huile,
Et sin pèr' qui sont morts incadrés.
　　Derlin, din, din, din, etc.

XI.

Min métier m'donne assez bien d'gagnache,
Mais tout parte et m'femme à qui j'définds
De s' mêler de m's affair' j'nai point j'gache
Tourner l'c.(dos) quell' vient mett' sin nez d'dins.
　　Derlin, din, din, din, etc.

MORALE.

A la vente lorsqu'on vous appelle,
N'allez pas acheter de hasard,
Croyez-moi, la farce est souvent belle,
Vous voyez que vous êtes.... trop tard.
Digue, digue, don, din, di, din, don.
Vous payez, la chose est bien réelle,
Le vieux plus cher que s'il était bon,
Oui, vous êtes toujours dindon.

LES POQUETTES VOLANTES,

ou

LES MALHEURS D'UN JOLI GARÇON.

Sur l'Air : Voilà la manière de vivre cent ans.

I.

T'nez, j'ai l'cœur de braire,
In cantant chell' canchon,
Si tout l'monde veut s'taire,
On in sara l'raison.
Vetiiez que guignon !
J'ai l'visach' comme unn' écunmette,
Mi si biau garchon,
J'intinds derrièr' mi qu'on répète :
 « Avant d'ét malate,
 » On l'app'lot la beauté,
 » Qu'ell' dégringolate,
 » A ch't'heure il est mabré. »

Les Poquettes volantes.

II.

Si j'vas boire unn' pinte,
A l'Crox-des-Capuchins,
Aussitôt que j'rinte,
On vot rir' chés brav's gins :
Alors tout peneux,
J'n'os'ros jamais dire unn' parole ;
Honteux comme un gueux,
J'intinds crier : Dieu ! qu'il l'a drôle.
L'auter fos Pilate,
A dit, ch'vilain poussif,
Qu'unn' minchante Agathe,
Avot pluqué min pif.

III.

Chin qui m'fait pus d'peine,
Ah ! qu'ell' révolution,
J'ai perdu Mad'leine,
Et cha pa m'n affliction.
J'aros du pinser
D'li fair' dir' que j'étos malate,
J'vas pour y r'tourner,
Ell' me dit : tout faigeant s'n'implate,
Allez vous visache
Est par trop machucté,
Pou m'tenir langache,
I faut de l'jolité.

IV.

J'li répond Mad'leine,
Est-ch' comm' cha qu'on agit?
Vous m'copez l'haleine,
Et cha m'imbroull' l'esprit.
Quoi! vous n'vettiez donc
A rien auter coss' qu'à l'figure,
Pour vous point d'pardon,
J'vas prier l'bon Dieu j'vous l'assure,
Pour calmer m'tristesse,
I vous f'ra tôt ou tard,
D'un bochu l'mintresse,
U l'femme d'un tortillard.

V.

Bouillonnant d'colère,
Ell' me répond Bastien,
Si te n'veux point t'taire,
Attintion, j'lach' min quien.
J'avos justemint,
Pou l'aller vir' fait biell' toilette,
Dins s'n'importemint,
J'intinds qu'ell' crie après Finette.
J'vas pou prinde l'porte,
Aussitôt ch'quien maudit,
D'un cop d'dint m'importe
Uun' grand' pièce à m'n habit.

VI.

Quoi dire et quoi faire,
I m'faut pourtant sortir,
Trop vexé pour braire,
Infin j'vas pou partir;
Je m' jett' conte l'mur,
Tout bisquant, tout mordant min poche,
Ch'étot presque sûr,
Grac! l'aut' pan de m'n habit s'acroche.
J'intinds rir' Mad'leine,
Et j'tass' min patalon,
J'sins qu'il est, pou m'peine,
Arraché dins les fonds.

VII.

Infin j'dis mam'zelle,
In pleinn' désolation,
Chell' farce est pus biell'
Incor que m' position.
Ell' me considère
Un p'tit momint, puis v'là chell' fille
Qu'ell' va par derrière,
Et dins l'fond qu'ell' se déshabille.
Elle r'vient pou m'dire,
Infilez min jupon,
On n'pora point rire,
Avé vous patalon.

VIII.

J'li répond berdoulle,
A ch't'heure vous s'moquez d'mi ;
J'ai l'air d'unn' andoulle,
Allons, j'm'in vas d'ichi.
A tout bien pinser,
Les gins qui riront de m'maronne,
J'porai leu d'mander,
Si ch'l'avinture là les étonne.
J'quitt' donc chell' fillette,
Un gamin vient crier :
Veitte !..... i met s'serviette,
Unn' heure avant d'dinner.

IX.

J'rincont' Philippine,
In sortant d'chell' mason,
Ell' me fait biell' mine,
Aussitôt je m'dis : bon !
V'là bien l'occasion
D'li faire in deux tems m'déclarure,
Quell' désolation,
Ell' me dit, tout r'vettiant m'figure:
Bastien, l'foire approche,
I faut t'faire vir un jour,
A l'leunett' d'approche,
Et comme un r'mèd' d'amour.

X.

N'demandant point l'reste,
A m'mason j'ai parti,
Habile et du leste,
Aussitôt je n' n'ai ri;
J'ai ri commo un sot,
t m'rappélant les yeux d'Mad'leine,
V'là sin p'tit défaut,
; liv's de chirop par semaine ;
Pour ell' j'iros braire?
Oh! non! non, chint fos non.
Vas, j'f'rai comm' min père,
Il a resté garchon.

MORALE.

Quand dame nature
A voulu nous donner
Vilaine figure,
Y peut-on rien changer?
Pourtant, je le crois
souvent, hélas! on s'arrête
Sur un beau minois
charme, mais, je le répète,
On doit (qu'on y pense),
En cherchant le bonheur,
Donner préférence
Aux qualités du cœur.

VIII.

J'li répond berdoulle,
A ch't'heure vous s'moquez d'ı
J'ai l'air d'unn' andoulle,
Allons, j'm'in vas d'ichi.
A tout bien pinser,
Les gins qui riront de m'maronne,
J'porai leu d'mander,
Si ch'l'avinture là les étonne.
J'quitt' donc chell' fillette,
Un gamin vient crier :
Veitte!..... i met s'serviette,
Unn' heure avant d'dinner.

IX.

J'rincont' Philippine,
In sortant d'chell' mason,
Ell' me fait biell' mine,
Aussitôt je m'dis : bon !
V'là bien l'occasion
D'li faire in deux tems m'déclaru
Quell' désolation,
Ell' me dit, tout r'vettiant m'figure:
Bastien, l'foire approche,
I faut t'faire vir un jour,
A l'leunett' d'approche,
Et comme un r'mèd' d'amour.

X.

N'demandant point l'reste,
A m'maison j'ai parti,
Habile et du leste,
Aussitôt je n' n'ai ri;
J'ai ri commo un sot,
Tout m'rappélant les yeux d'Mad'leine,
V'là sin p'tit défaut,
Tros liv's de chirop par semaine ;
Pour ell' j'iros braire?
Oh! non! non, chint fos non.
Vas, j'f'rai comm' min père,
Il a resté garchon.

MORALE.

Quand dame nature
A voulu nous donner
Vilaine figure,
Y peut-on rien changer?
Pourtant, je le crois
Trop souvent, hélas! on s'arrête
Sur un beau minois
Qui charme, mais, je le répète,
On doit (qu'on y pense),
En cherchant le bonheur,
Donner préférence
Aux qualités du cœur.

CHRISTINE
ET
LE COLLÉGIEN.

Dédié à M. Quinzebilles.

Air noté N° 7.

I.

Il faudrait que je m'expliquasse
Avec cette jeune beauté,
Oui, qu'à l'instant je lui parlasse,
Car de ses traits je suis charmé.
Attaquons, saisissons l'affaire !
— Bon soir, modèle de vertus.
— Jésus de Dieu ! v'la l'andouill' d'Aire,
Mes gins, ch'est l'restant d'nos écus.

Christine et le Collégien.

II.

— Je voudrais que tu me rendisses
Bienheureux par un peu d'amour.
— Garchon, vous m'contez des bêtises
Autervar allez faire un tour.
— Il faudrait vraiment que tu fusses
Ingrate pour me repousser;
Je voudrais même que tu susses....
— Appernez qu'je'n'veux rien chucher.

III.

— Tu ne saisis point l'apologe :
Je t'aime et voudrais t'obtenir,
Pourquoi dédaigner mon éloge
Quand du bonheur tu peux jouir.
— Tout cha, t'nez, ch'est des balivernes,
Vous voudrites bien m'ingueuser;
Des vessi's n'sont point des lanternes,
N'ya point d'danger qu'je m'laiche aller.

VI.

— Ton esprit, belle enfant, soupçonne
D'avoir un jour à regretter
Ta faiblesse, eh bien! je te donne
La promesse de t'épouser.

— Mais vettiez, monsieur Bastenaire,
In vérité vous n'ét's point sot,
A coup sûr vous voudrites faire
Un mariache en d'zous du balot.

V.

— J'aurais voulu que tu comprisses....
— T'nez là d'dins je n'comprinds qu' du fu.
— Il aurait fallu que tu prisses....
— Je n'sarai jamais prind' du s'nu.
— Dieu, quel malheur, avoir à faire
A quelqu'un qui ne comprend rien !
— Vous s'trompez, monsieur Bastenaire,
Chin qu'vous voulez je l'comprinds bien.

VI.

— Pourquoi donc, alors jeune fille,
Ne pas embellir ton destin ?
Je t'unirais à ma famille.
— Min garchon, vous ét's trop malin,
Pour accouter vou déclarure
Vous m'promettez pus d'bur que d'pain,
J'advin' fin bien vou n'infilure
Pour cha, m'n ami, faut r'passer d'main.

VII.

— Souffrirais-tu que j'en pleurasse ?
— Pleurassassez tant qu'vous vodrez.
— Craindrais-tu que je te trompasse ?
— Trompettez si vous l'désirez.
— Il faudrait donc que je partisse !...
Quand pour toi je voudrais mourir !
— Faite à vou mod' vilain Jocrisse
— Et crévez si ch'est bien vous d'sir.

VIII.

— J'aurais désiré que tu pusses
Comprendre mes bons sentiments.
— Avec vous j'n'aros rien qu' des russes,
T'nez, n' m'imbêtez point pus longtems ;
D'abord vou parlache i m'imbroulle,
Vous m'dites d'chucher, d'prind' du s'nu ;
Si vous m'pernez pour unn' andoulle,
Mi j'vous prinds pour un huberlu.

IX.

D'abord, t'nez, s'i faut que j'vous l'diche,
Un aut que vous s'ra m'n homme un jour,
Au moins si ch'tilal n'est point riche
Pou m'rinde heureuse i connot l'tour ;

Après tout je n'peux jamais croire
qu' vous agirite in bon garchon,
J'vos bien malgré vo bielle histoire
Qu'dins ch'tripotache i gna d'lognon.

X.

Enfin pour terminer v'la l'conte,
Quand j'vous vos j'm'in iros bien long,
Vous avez, j'peux vous in réponte,
Ch'qui faut pour êt' vilain garchon ;
Bien souvint vous ête in disputes
Avé l'boulinger d'vou mason,
Qui prétind qu'vous cachez deux flutes
Dins les gampes d'vou patalon.

XI.

Effectiv'mint quand qu'on vous r'vette
On brairot des larm's comm' des pods,
Vous avez l'air d'unn' allunmette
U bien d'unn' aiwuile à tricots ;
Vous avez pinsé, j'l'imagine,
Avé vos habits d'grand seigneur,
Qu'j'aros donné d'dins, mais j'sus fine,
J'aim' mieux l'misèr' que l'déshonneur.

MORALE.

Si vous pensez au mariage,
Ecoutez ici la leçon :
Pauvres filles, lorsqu'un langage
Tenu par un riche garçon
Touchera votre âme novice,
Souvenez vous de ce conseil,
Dites, je méprise le vice,
Et n'aimerai que mon pareil.

Après tout je n'peux jamais croire
qu' vous agirite in bon garchon,
J'vos bien malgré vo bielle histoire
Qu'dins ,ch'tripotache i gna d'lognon.

X.

Enfin pour terminer v'la l'conte,
Quand j'vous vos j'm'in iros bien long,
Vous avez, j'peux vous in réponte,
Ch'qui faut pour êt' vilain garchon ;
Bien souvint vous ête in disputes
Avé l'boulinger d'vou mason,
Qui prétind qu'vous cachez deux flutes
Dins les gampes d'vou patalon.

XI.

Effectiv'mint quand qu'on vous r'vette
On brairot des larm's comm' des pods,
Vous avez l'air d'unn' allunmette
U bien d'unn' aiwuile à tricots ;
Vous avez pinsé, j'l'imagine,
Avé vos habits d'grand seigneur,
Qu'j'aros donné d'dins, mais j'sus fine,
J'aim' mieux l'misèr' que l'déshonneur.

MORALE.

Si vous pensez au mariage,
Ecoutez ici la leçon :
Pauvres filles, lorsqu'un langage
Tenu par un riche garçon
Touchera votre âme novice,
Souvenez vous de ce conseil,
Dites, je méprise le vice,
Et n'aimerai que mon pareil.

L'ABBAYE DE LOOS,

ou

LES REGRETS D'UN DÉTENU.

Dédié à Monsieur H. Chatteleyn.

Air : Faut l'oublier, mais comment faire.

I.

D'puis dix-j-huit ans l'tristess' dins l'âme,
Dins chell' prigeon je n'fais qu' gémir,
Chint fos par jour à Dieu j'me r'clame,
Mais bien sûr que pour mieux m'punir,
I m'laiche au mitant de m'souffrance,
Et j'pai dur'mint tous mes actions,
Bien tristes sont mes réflexions.
I m'faut morir mais m'n espérance } bis.
Ch'est d'obtenir bien des pardons.

L'Abbaye de Loos.

II.

A Dieu si bon j'fais unn' prière,
In confessant tous mes péchés;
Quand j'pinse, hélas! àm'bonn' vieill' mère
J'dis qu' mes chagrins sont mérités.
Elle arot volu, chell' brav' femme,
A m'conduire comme un homm' d'honneur,
M'apprinte et fair' tout min bonheur.
Elle est morue, à ch'l'heur' mi même ⎫
J'comprinds qu'ch'est d'hont' de m'vir voleur⎬ *bis.*

III.

Du tems passé quand qu'je m'rappelle,
Tous chés souv'nirs m'arrach'tent l'cœur;
Dieu! m'n existence étot si bielle!
Si j'avos su varder m'n honneur!
Non, des amis remplis d'malice
Sont v'nus gâter m'éducation
Et perde ainsi m'réputation,
V'la bien pourtant chin qu'ch'est que l'vice ⎫
I vous plong' dins l'désolation. ⎬ *bis.*

IV.

Je r'grette aussi m'petit' mintresse,
Pour ell' j'avos gramint d'amour;

Elle aussi m'aimot, qu'ell' tristesse,
Quand qu'on à v'nu li dire un jour :
Théress' vou n'amoureux mérite
d'êt' méprisé comme un capon,
I vient de s'fair' mette en prigeon.
Elle a répondu min Polite
N'ara jamais m'bénédiction. }bis.

V.

D'sortir d'ichi pus d'espérance,
Quand j'pins' que v'la déjà tros fos,
Qu'on m'vot r'venir, quelle existence !
Passer ses jours dins les cachots.
J'étos parti l'cœur plein d'corache,
Je r'sintos déjà du bonheur,
J'cachos d'l'ouvrache avec ardeur.
Chacun m'dijot, sur tin visache,
Il est marqué qu'tes-t-un un voleur. }bis.

VI.

Ainsi r'jeté, mal vu d'tout l'monde,
Et n'povant point fair' min salut,
Dieu que m'tristesse étot profonde,
De l'société j'étot le r'but.

A la fin n'trouvant rien à faire,
L'besoin d'minger s'faigeot sentir;
Alors malgré tout min r'pintir,
J'dijos j'ai faim! tout m'sintant braire! } bis.
Exprès j'volos pou m'fair' punir.

MORALE.

Du tribunal de pénitence
Quand le cœur libre un chrétien sort,
Il a pour lui cette espérance,
Le paradis! après sa mort.
Si Dieu dans sa juste colère
Disait tu fus coupable un jour,
Anathême; non, en retour
Il vous reçoit comme un bon père, } bis.
Pardonne et vous rend son amour.

SUITE.

Mortels ayez de l'indulgence
Quand vous voyez du repentir,
Ne troublez pas une existence
Lorsqu'au bien on veut revenir;
Un pécheur qui subit sa peine
Ne l'est plus après son pardon,
Pour le mal il vous dira... non...
Car vers le bien son cœur l'entraîne ?
Que ce conseil soit trouvé bon.

CHARLOTTE EN CHEMIN DE FER.

Air : Commissaire, commissaire, etc.

I.

Vous savez aussi bien qu'mi,
Si vous avez li l's affiches,
Qu'les pauvers gins comm' les riches.
S'sont fait trainner par plaisi.
Min compère m'a dit, Charlotte,
Si j's'ros d'vous j'partiros d'main;
Mi putôt que d'faire *ribotte*,
Ch'est conv'nu, je m'mets dins *l'train*.
   Triste affaire,
   Loin d'mi plaire,
Dins l'train d'plaisi j'nai fait qu' braire.
   Triste affaire,
   Loin de m'taire,
M's infans, j'in parl'rai longtems.

II.

J'dis, compère, intindons-nous,
A Paris j'ai tout m'famille,
Si je n's'ros point dins l'débile,
J'iros peut-ête avant vous.
Après tout, j'voyache m'tente,
T'nez, malgré tout min chagrin,
J'vas mett' quéqu'nipp' chez ma *tante*,
Pour aller vir min *cousin*.
   Triste affaire, etc.

III.

Pour avoir unn' pièch' dix francs,
J'ai mi deux robe et tros qu'miches,
Loin de n'n'avoir comm' les riches,
Autant qui n'ya d'jours tous l's ans;
A partir infin j'm'apprête,
M'digeant, est-ch'que j'n'obli rien?
Azor semblot m'dire, arrête :
V'là bien *l'cas* d'emm'ner tin *quien*.
   Triste affaire, etc.

IV.

Arriv' qui plant' nous partons,
Au bureau j'demande unn' carte,

On m'dit : courez vite, on parte,
Gu'a pus d'plache dins les vagons.
J'arrive, un gardien m'sépare
D'min pauv' quien ! j'dis v'là du biau !
On m'répond chell' biêt si rare
S'ra près d'unn' vaque et d'sin viau.

  Triste affaire, etc.

V.

On r'connot chacun les siens,
L'vaque et l'viau là tout l'boutique,
Faigeotte unn' drôl' de musique,
Azor brayot comme dix quiens.
Nous partons j'cri point d'bêtises,
Conducteur te fais l'infant,
Mi j'vas comme l's équervisses,
L'tiête in arrière et l'cu d'vant.

  Triste affaire, etc.

VI.

J'avos pris pour nous dinner
Du pomon, du vieux fromache,
J'intinds dire i pu la rache,
Qui ch'qui vient nous impester.

Un monsieu m'bouscule et l'jette,
J'passe m'main dins m'n'estoma,
J'avos d's œuës, j'trouve unn' om'lette
Qui coulot qu'à dins mes bas,
  Triste affaire, etc.

VII.

A l'portière j'cri : Monsieu!
Si vous plaît, laichez m'deschinte,
D'saisiss'mint j'ai des ma d'vinte,
J'voudros trouver unn' pierr' bleu.
Quéqu'un m'dit quoich'que vous faite,
Volez-vous bien vous r'tirer,
J'bourle et j'laiche quer tout m'n'om'lette
In plein mitant du planquer.
  Triste affaire, etc.

VIII.

Tout d'puis Lille jusqu'à Paris,
J'ai vu pus d'unn' avinture,
Des séquois qu'cha pass' nature
Nous ont rindus fin saisis.
Infin ch'n'est point sans misère,
Qu'on a v'nu nous annoncher :
Mes gins, v'là l'débarcadère,
Il étot tems d'arriver.
  Triste affaire, etc.

IX.

Là, min cousin m'attindot,
A mes yeux je l'trouv' fin drôle,
J' li dis, Dieu! l'petite vérole
T'rind bien pus laid qu'on n'pins'rot.
Après tout, tiens, ch'est tout d'même,
Viens m'bager mais n'me sins point,
Te saros chin qu'ch'est qu'unn' femme
Qu'ell' a besoin d'fair' ses b'soins.
  Triste affaire, etc.

X.

Vettiez, qu'elle dégoùtation,
Nous avons eu gramint d'peine,
D'fair' pour nous r'trouver l'haleine,
Quequ' tass' de consolation.
Ch'est biau, mais ch'nouviau système
N' donn' point l' tems d'éternuer,
Dins l'café gn'avot de l'crème,
Pour tros jour à s'pourlaiquer.
  Triste affaire, etc.

XI.

Avant d'quitter min Cousin,
I m'a fait boire unn' chopine,

J'ai cru que j'pernos méd'cine,
In avalant ch' verre de vin.
T'nez j'déchiros m'penche d'rache,
Grimaçant comme un matou,
A tous les mominuts de r'lache,
I fallot m'mette à croucrou.

  Triste affaire, etc.

XII.

Après toute unn' nuit d'quemin,
Nous r'vayons les cloquets d'Lille,
J'espéros qu'unn' fos dins m'ville
J'aros fini d'min chagrin ;
Vettiez les drôl's de parates,
D'puis l'tems qu' nous sommes r'venus,
Min quien, mi, nous v'là malates,
A Paris j'ne r'tourn'rai pus.

  Triste affaire, etc.

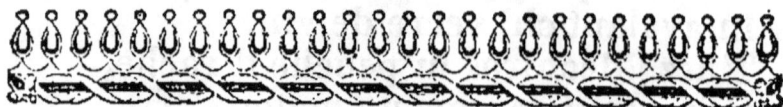

Le Tambour-Major du Mardi gras,

ou

LE BON CŒUR D'UN HOMME SAUVAGE.

Air du Soleil de mu Bretagne.

I.

Ch'est l'Mardi Gras, i faut nous amuser,
Unn' fos l'tour fait nous pourrons fair'
[bombance,
Au long d'un an dins nou triste existence,
Tout un chacun n'a pu que s'laminter.
    Seul'mint chin qui m'imbête,
    ch'est qu'j'ai du mal à m'tiête,
    J'ai fait for à ch'matin,
    j'ai bu quéqu' verr' de vin;
L'anné qui vient on n'm'y rattrap'ra pus,

Le Tambour-major.

J'ven'rai tout fraiche au momint de
[m'n'affaire,
Alors in jeun, aoui, j'porai m'distraire,
Et J'n'arai point l'tournure du major
[des z'Hurlus.

II.

Mais l'grand Louis, ch'ti qui fait l'charlatan
N'vient point trop vite et ch'capon
(nous infonce,
Sus che r'tard-là t'nez, i faut qu' je
[m'pernonce,
Bien sûr, à ch't'heur' Monsieur fait siu
[puant.
 I pourmène in voiture,
 Et fier de s'biell' tournure,
 I fait des imbarras,
 Nous v'là comme des colas.
Vas, l'fos prochain' te cang'ras d'position,
Baptiss', comm' ti, possète unn' bonn'
[babille,
Pour divertir les gins qui vienn't à Lille,
Et puis in fait d'esbrouffe il est gramin
[pus bon.

III.

Vettiez, mes gins, au poste j'sus rindu,
Tous l's ans pour cha d'êt' exac j'ai
[l'coutume,

D'un bon matin j'passos d'jà min costume,
Et pou tros heures, à midi j'étos v'nu.
      Malgré tout min ma d'tiête,
      J'vodros bien qu'on répète,
      L'canchon qu'j'ai composé,
      Alors bien raccordé,
Tout l'quar porot faire intind' mes couplets
Et puis j'sus là pou leu marquer l'mesure,
J'sut un mariol, on l'vot bien à m'figure,
Si n'manqu'rot point Baptisse, à partir
      [nous s'rim's prêts.

IV.

Mais qu'minche qu'on peut rester aussi
      [lointems?
Si n'pernerot point plaisi dins s'caboche,
De s'faire trainner din tout Lille in caroche,
I s'rot d'jà v'nu; t'nez, jugez mes infans,
      Pour soulager Hinriette,
      Faudrot faire unn' bonn' quête,
      L'société li a promis,
      Qu'tout in faigeant l'Mardi,
Nous li donn'rime un p'tit peu d'
      [soulag'mint,
Chell' pauv' vieill' femme elle a gramint
      [d'misère!
Tont l'monde a dit nous pins'rons à
      [grainmère,
Et vettiez, pou ch'l'affaire, l'grand Louis
      [met d'dins.

V.

Toudis comm' cha, ch'ti qui prind du
[plaisi,
N'pinss' point souvint à cheuss' qui
[sont minables,
Et les jours gras sont pour eusse agréables,
Ch'fameux Mardi dur' souvint qu'au
[sam'di.
Mi j'aim' bien qu'on s'amuse,
Mais jamais qu'on abuse,
Du plaisi jusqu'au point
D'profiter d'moins in moins,
Des bons séquois qu'on n'cess' point
[d'nous moutrer;
Les gins d'esprit dittent souvint mes
[brafes,
Si vous n'volez point toudis êt' esclafes,
A vou d'voir d'honnête homme i faut
[vous attacher.

VI.

Infin le v'là, charlatan, accours donc !
Te qu'minch' fin bien tin métier d'conteu
[d'craques,
Tous nos mintress' sont in haut comm'
[des claques,
Nous d'puis tros heur's nous s'trouvons
[in faction,

Qu'je n'voch' point qu'te riposte,
Vas bien vite à tin poste,
Allons grimpe d'sus l'quar,
T'plache est tout près d'Oscar,
Tout est bien prêt ? démarons, compagnons !
Qu'chacun s'rappelle ichi nous biell'
[promesse,
N'oublions point Hinriette d'dins s'
[vieillesse,
Dite à les gins corache, accatez nos canchous !

VII.

N'racontez point chin qu'nous avons
[conv'nu,
I semblerot qu'nous volons fair' parate,
D'un p'tit séquoi qui faut dins chell'
[prom'nate,
Mucher tertous, ch'est encore unn' vertu,
Pour nous rind' des services,
Fait's tous les sacrifices,
Et puis mettez pour cha,
A vo bouque un calna.
N'y a rien d'si biau qu'unn' gint qui fait
[du bien,
Incor faut i pour que ch'l'affaire soch'
[bielle,

u'on n'viench' jamais vous chiffler dins
[l'oreille,
!onsieur ! j'ai sauvé ch'l'homme.... alors
[cha n'vaut pus rien.

MORALE.

i vous voyez de ces gens malheureux
iisant parfois des actes bien blâmables,
en est d'autres, hommes charitables !
u'on doit aimer, car ils sont vertueux.
  Gardons pour espérance,
  Qu'avec leur influence,
  De bienveillants conseils,
  Donnés à leurs pareils,
; parviendront à propager l'esprit,
ii qui souvent passe avant la fortune,
esprit enfin n'est pas chose commune,
ayant, il faut encore bien l'employer....
[c'est dit.

Qu'je n'voch' point qu'te riposte,
Vas bien vite à tin poste,
Allons grimpe d'sus l'quar,
T'plache est tout près d'Oscar,
Tout est bien prêt? démarons, compagnons
Qu'chacun s'rappelle ichi nous biell
[promesse
N'oublions point Hinriette d'dins s
[vieillesse
Dite à les gins corache, accatez nos canchou

VII.

N'racontez point chin qu'nous avor
[conv'n
I semblerot qu'nous volons fair' parat
D'un p'tit séquoi qui faut dins chel
[prom'nat
Mucher tertous, ch'est encore unn' vertu
Pour nous rind' des services,
Fait's tous les sacrifices,
Et puis mettez pour cha,
A vo bouque un calna.
N'y a rien d'si biau qu'unn' gint qui fa
[du bie
Incor faut i pour que ch'l'affaire soc
[biell

Qu'on n'viench' jamais vous chiffler dins
[l'oreille,
Monsieur ! j'ai sauvé *ch'l'homme*.... alors
[cha n'vaut pus rien.

MORALE.

Si vous voyez de ces gens malheureux
Faisant parfois des actes bien blâmables,
Il en est d'autres, hommes charitables!
Qu'on doit aimer, car ils sont vertueux.
  Gardons pour espérance,
  Qu'avec leur influence,
  De bienveillants conseils,
  Donnés à leurs pareils,
Ils parviendront à propager l'esprit,
Lui qui souvent passe avant la fortune,
L'esprit enfin n'est pas chose commune,
L'ayant, il faut encore bien l'employer....
[c'est dit.

LES DEUX IVROGNES,

OU

L'union ne fait pas toujours la force (DE CARACTÈRE).

PASQUILLE.

La scène se passe dans un ménage (huit heures du matin).

BENJAMIN *(entrant).*
Salut, Jean Lafuté...salut, qu'minche que tout va ?
LAFUTÉ.
Nou santé ? grâce à Dieu !... et vo ma d'estoma ?
BENJAMIN.
Je l'l'ai toudis sus l'cœur malgré tous les tisaines,
Et les bouillons... pointus qu'on m'fait prind tous
(les s'maines,

Les deux Ivrognes.

L' dimanche arriv' toudis, l'ma d'estomac avec,
Ch'est ch'qui fait min chagrin, velliez comme
(j'viens sec?
Nous somm's siept à m'mason, père et mère et
(chinq filles,
Aoui, chinq vrais démons, nous n's'rons jamais
(tranquilles,
V'là m'dernièr' comme à ch't'heur' du matin
(qu'au brun soir,
Ch'n'est qu'unn'plainte et pour cha m'femme est
(au désespoir,
Pour chell' qui vient après, l'auterfos mingeant
(s'soupe,
Ross' m'averti tout court, que ch'l'infant avot
(l'croupe,
Les aut' deux d'puis quéqu'tems s'portent comm'
(chi, comm' cha,
Je m'consol'ros incor, mais chiu qui m'fait l'pus
(d'ma,
Ch'est d'vir un aut'séquoi, v'là m'n ainée Ingélique
D'après l'air de ch'l'infant ell' se cro hydrolique,
J'doun'ros bien min p'tit dogt, aoui, je l'dis
(d'bon cœur,
Pour que sin gonfelmint, n's'rot d'l'amour qu'un
(malheur.
A tout l'moins cha s'pass'rot aveuc chell'
(différince,
Qu'au lieu d'siept à m'mason, nous s'rim's huit.

LAFUTÉ.

Quand qu'j'y pinse,
J'm'invas vous raconter sus ch'l'affaire unn'
(séquoi,

Si j'fais chell' réflexion, vous allez vir pourquoi.
J'viens d'busier tout à ch't'heur' n'avot-elle
(point Zidore,
Elle étot bien s'mintresse et j'cros qu'ell' l'est
(incore?
Ch' gamin n'avot-i-poin essayé par hasard
D'incageoler vo fille?.. elle r'vient souvint tard'
Vous souvint ratargé vous n'êt's poin'à l'cambusse
Et pindant qu'vous lampez vous n'Ingélique
(s'amusse.
Vous savez bien comm' mi qu'un amoureux
(trompeur,
Si fréquente unn' jeunesse i li souffle s'n honneur.
Quand qu'nous étim's garchons nous avons fait
(comme eusse,
Allez, l'passion d'unn' fille est quéqu'fos
(dangéreuse,
Je m'souviens de m'dernièr' quand qu'j'ai volu
(l'quitter,
J'ai eu un vrai ma d'quien ! ell' voulot m'étranner,
On dirot qu' je l'l'intinds : « Ah ! ch'est là vou
(n'euvrache?
» Pour mieux m'intortiller vous m'parlites
(d'mariache,
» A ch't'heur' qu'on s'a laiché faire à vou
(volontés,
» Vous n'me dit's pus Cath'rin', t'es pleine.....
(d'qualités.
» Partez si vous volez, mais j'finis par vous dire,
» Si je r'sins unn' séquoi... ch'mot là drot vous
(suffire. »
Ell' m'a dit tout brayant : « J'donn'ros dix sous
(d'bon cœur,

» Pour qu'un malheur vous forche à réparer
(m'n honneur!
» Car après tout je l'dis, j'vous ainmot mieux
(qu'min père ! »
Infin bref à tout cha, ch'étot min caractère.
Quand qu'j'avos unn' mintress', ch'étot bon pou
(huit jours,
J'filos quand quelle avot cédé par mes discours.
J'vous l'dis foi d'comarate, in bon pèr' de famille,
Vous arrites bien dû mieux surveiller vo fille,
A tout l'moins aujord'hui les gins qu'vous
(connaichez,
N'viendrottent point vous dire et vous flanquer
(pa l'nez,
Si vou fille est trompé' que ch'n'est rien qu'par
(vou faute,
Allons, n'parlons pus d'cha, verse un tarin,
(Charlotte.

BENJAMIN.

Lafuté, différez, t'nez j'venos justemint
Vous ingager d'sortir pou d'viser un momint,
Ch'n'est point qu'j'ai l'intintion d'aller faire unn'
(ricdoulle,
J'viens pour vous régaler d'unn' simpel demi
(doulle,
Il est vrai, je l'sais bien, quand qu'on a sinti
(l'goût,
Qui n'faudro presque rien pour attrapper s'n
(attout.
Mais aujord'hui, berniqu' j'ai tros sous et un
(doupe,

Chacun nous d'mi-potée et j'irai minger m'soupe;
Véroniqu' pour dinner fait d's haricots nouviaux,
Nous arons, j'in sus sûr, des panch's comm' des
(tonniaux,
Si m'fille avot pinsé d'n'in minger qu'de ch'
(l'espèce,
(Si ch'est comme vous l'pinsez), je n'verros point
(s'g.... tristesse,
Allons, ch'est-i conv'nu ? filons-nous chez Simon ?

LAFUTÉ.

Un momint, Benjamin, j'vas mett' min bourgeron.
Vous vayez qu'à vous d'sir sans balocher je
(m'prête,
Il est bon que j'vous l'diche, à ch't'heur' j'ai mal
(à m'tiête,
Unn' fos sorti d'ichi, t'nez foi d'Jean Lafuté,
Ch'est pour unn' goutt' seul'mint qu'j'accepte
(unn' honnêt'té,
N'y a rien d'si dégoûtant qu'un homm' faigeant
(ribotte.
Et vraimint dins ch'momint nous somm's trop
(dins la crotte,
Et ch'n'est point quand qu'on a de l'misère à
(s'mason,
Qui faut s'metto à chiffler des p'tits verr' à
(foison,
Aveuc l'argint qu'on bot, l'lind'main dins sin
(ménache,
On vit... quand qui gn'a pus ch'est seul'mint
(qu'on vot l'plache,

Ch'cros bien d'vous avoir fait assez d'moral'
(comm' cha,
A ch't'heur' si vous volez, nous irons vir par là.

CHARLOTTE.

Lafuté, jusqu'à ch't'heur' j'ai fait l'bouton de
(m'bouque,
J'ai unn' séquoi d'ssus l'cœur i faut que j'vous
(l'déblouque :
Souvint quand qu'vous avez l'invi' d'aller chifller,
Vous faites d's imbarras, on vous intind prêcher;
Surtout n'faigeons point chi! n'faigeons point
(cha, compère,
Tous chés biaux raisonn'mints ch'est des comptes
(d'grainmère:
Vous avez l'air d'êt' bon, mais ch'est pour
(m'indormir,
Pou n'point que j'vous impêche l'pus souvint
(d'sortir;
Unn' fos parti d'ichi, non ch'n'est pus l'même
(affaire,
Au lieu d'êt' bien ringé, vraimint, ch'est tout
(l'contraire,
Vous lampez à crédit et puis fin bien quervé,
Vous rintrez sans capiau, l'patalon tout troé.
L'auter fos j'ai passé tros heure à vou culotte,
On avot fait unn' veste avé vou biell' capote,
Nous n'avons point d'infans, et j'in bénis l'destin;
Allez vous in trond'ler aveuc vou Benjamin,
Pour mi, pindant ch'tems-là, j'm'in vas laicher
(m'dintelle;

J'irai prier l'saint' Vierge, alleumer unn'
(candelle,
Pour qu'ell' vous donn'che à vous comme à tous
(chés sonlots
L'pinsé' d'vous corriger, fichez ma l'camp vieux
(sots.

LAFUTÉ.

Je n'm'invas point d'bon cœur, vettiez donc quell'
(chagrine,
Pou l'histoir' d'un p'tit verre ell' va m'fair'
(minchant' mine.

CHARLOTTE.

J'ai bien vu qu'vous avit's so d'in chiffl erquéqu's
(uns,
Pour vous tous chés traits-là sont moins rar's
(que communs.

LAFUTÉ.

A l'l'intind' i faudrot bien sûr mett' des
(manchettes,
Pour aller boire unn' goutt' faut qu'madame
(l'permette.
Vas t'coucher, t'as sommei, Charlott' fais tin
(bouton,
U bien j'vas t'fair' danser sans flût' ni violon !...

BENJAMIN.

Allons, Jean Lafuté, je n'veux point qu'ch'l'histoire
c'inch' par des cops d'poings, j'aim'ros mieux
(m'passer d'boire.

LAFUTÉ.

Du tout, je n'veux point d'cha, puisch'que Charlott'
(fait l'biête,
Pou l'punir de s'n'humeur à ch't'heur' j'vas faire
(à m'tiête;
V'nez! cha l'l'appernera à n'point fourré sin nez,
Juste ù ch' qui n'faut point l'mette; à r'voir,
(madam' savez?

Les voilà bien partis, nos deux hommes s'arrêtent,
Devant un cabaret d'aller boire ils s'apprêtent,
Ils vont pour y entrer, Benjamin réfléchit,
Hésitant un moment, « Lafuté, qu'il lui dit :
» Ichi nous somm's trop près, on n'peut point
(boire à s'n aisse,
» Et puis à l'fos j'poros trouver l'femme à
(Nicaisse,
» Quand j'bos, ch'est m'n habitude, j'cach' les
(vieux racoins,
» Pour avoir du plaisi, faut chiffler sans
(témoins.

LAFUTÉ.
Pernez garde à vou femme avé l'mienne ell'
(s'amorche,
N'allons point leu fair' dir' l'union n'fait point
(la forche,
Si nous s'trouvons à deux, ch'cros qu'ch'est pou
(nous sout'nir

N'nous fichons point d'perruqu's nous n'porim's
(pus r'venir.
Allez, pou les homm's sous, n'ya jamais qu'de
(l'disgrâce,
Si vous l'volez, compère, nous irons vir Iggnâce,
Li sara nous verser aveuc du ménag'mint,
Si vot qui n'ya du b... i n'nous mettra point d'dins,
A tout l'moins d'main matin n'ayant point l'air'
(d'unu' biête,
Vous n'avez point b'soin d'dir' mon Dieu, qu'j'ai
(mal à m'tiête,
Car chin qui fait bisquer dins l'maladi' d'soulo,
Ch'est d's'intind' toudis dir' crêv' donc vilain
(pourchau;
A mi, m'femm' m'a r'nommé Lafuté l'Saligot!!...

BENJAMIN.

Taigez-vous, Lafuté, vraimint vous m'fait's de
(l'peine,
Vous vous fichez dins l'tiête, et vous m'copez
(l'haleine,
Que m'femm' va m'rassalir in rintrant à m'mason!
N'parlons pus d'cha, nous v'là chez l'pèr'
(Iggnâce, introns.

. . . .

A vous, frère, un bonjour et donnez-nous du
(g'nnèfe,
A chacun un grand verre!... aujord'hui faudrot
(qu'j'œuêfe?
Mais nous rattrapp'rons cha, pour passer nou
(chagrin,

Servez-nous deux d'mi-doulle, après cha'viendra
(l'vin.

LAFUTÉ.

Quoich' que vous dit's ? du vin ? et tros sous dins
(vo bourse.
Si vous d'visez comme cha pour mi j'vas prinde
(m'course,
Benjamin, aveuc vous, j'consins à m'amuser,
Mais n'tapez point sus l'quer, nous n'porim's
(point payer,
Ch'est unn' vilaine action, et puis j'aros les
(v'nettes,
Si m'femme appernerot qu'ichi j'ai fait des
(dettes.
Assigeons-nous là-bas et cantons un morciau,
U bien mingeons en un cha s'ra gramint pus biau,
Chacun un chiqué d'pain et du bon vieux
(fromache,
Iggnâc' nous donn'ra cha, s'femme in vind sus
(l'grand'plache.
— Compère, arrîtes vous ?

IGNACE.

— De d'quoi, du p'tit salé,
Chacun un bout d'andoulle ou du fi bien piqué ?
Si tout cha n'vous vas point j'peux fair' cuir' des
(tripettes.

LAFUTÉ.

Du tout, ch'est vinderdi, fait's nous deux biell's
(om'lettes.

IGNACE.

J'ai d's œuës fraich's d'à ch'matin, in deux tems,
          (mes amis,
J'm'invas m'mette à l'ouvrache et vous s'rez bien
          (servis.

BENJAMIN.

N'accoutez donc point cha. je n'saros jamais
          (croire,
Qu'Lafuté va minger puisch'que j'l'invite à boire,
Mi j'n'ai point b'soin d'om'lette et si vos œuës sont
          (cauds,
Fourrez-les......... autervart.

IGNACE.

      Vettiez chés biaux nigauds,
Les v'là cangés d'avis... sacrés tiêtes à bouloches,
I n'ont p'têt' si vient bien, point d'doupes d'dins
          (leus poches,
Et cha viendra d'aplomb pour faire d's imbarras,
T'à l'heure i dormiront sus l'table in vrais colas.

BENJAMIN.

Quoich'que vous barbouillez! faite un peu vou
          (n'affaire,
N'faudrot i point minger conter cœur pou vou
          (plaire,
Allons, vingt dieux!... à boire, et fichez-nous la
          (paix!...
Dins vous tro à Lapin nous n'viendrons pus
          (jamais.

IGNACE.

'est bon, vieux saligot, on s'pass'ra de t'pratique,
s, pour vinde à ch'tilà qui fait bis à s'boutique,
time autant fermer m'porte... aveuc des gins
(comm'ti.
d'vrot mett' sus s'n enseine : ichi jamais
(d'crédit.

. . . .

yez vos deux d'mi-doulle et puis sortez
(d'ichi.

---

nace a bien raison, ces hommes sont coupables,
ut annonce à les voir qu'ils sont très-misérables.
bien ! malgré celà les voilà s'amusant,
a jour où l'homme honnête à l'esprit bien
(pensant,
ravaille avec ardeur... Ecoutez sur ce monde,
us ces gens dépravés, leur misère est profonde,
les entendre enfin ils sont des flagellés !...
cablés de tracas, loin d'être mérités,
rsque de la boisson l'effet vient disparaître,
acun d'eux réfléchit et doit bien reconnaître,
ue la faute est à lui s'il se voit malheureux ;
in d'être cependant un peu plus vertueux,
lus tard l'occasion se représente-t-elle,
es gens vont s'amuser à boire de plus belle,
inquiétant fort peu si dans leur intérieur,
eurs enfants ont du pain... pour eux un seul
(bonheur,

IGNACE.

J'ai d's œuës fraich's d'à ch'matin, in deux ten
(mes am
J'm'invas m'mette à l'ouvrache et vous s'rez bi
(serv

BENJAMIN.

N'accoutez donc point cha. je n'saros jam
(croi
Qu'Lafuté va minger puisch'que j'l'invite à boi
Mi j'n'ai point b'soin d'om'lette et si vos œuës s
(cau
Fourrez-les......... autervart.

IGNACE.

Vettiez chés biaux nigau
Les v'là cangés d'avis... sacrés tiêtes à bouloch
I n'ont p'têt' si vient bien, point d'doupes d'd
(leus poch
Et cha viendra d'aplomb pour faire d's imbar
T'à l'heure i dormiront sus l'table in vrais co

BENJAMIN.

Quoich'que vous barbouillez! faite un peu
(n'affai
N'faudrot i point minger conter cœur pou
(pla
Allons, vingt dieux !... à boire, et fichez-nou
(paix
Dins vous tro à Lapin nous n'viendrons
(jam

IGNACE.

Ch'est bon, vieux saligot, on s'pass'ra de t'pratique,
Vas, pour vinde à ch'tilà qui fait bis à s'boutique,
J'aime autant fermer m'porte... aveuc des gins
            (comm'ti,
On d'vrot mett' sus s'n enseine : ichi jamais
            (d'crédit.
. . . .
Payez vos deux d'mi-doulle et puis sortez
            (d'ichi.

———

Ignace a bien raison, ces hommes sont coupables,
Tout annonce à les voir qu'ils sont très-misérables.
Et bien ! malgré celà les voilà s'amusant,
Un jour où l'homme honnête à l'esprit bien
            (pensant,
Travaille avec ardeur... Ecoutez sur ce monde,
Tous ces gens dépravés, leur misère est profonde,
A les entendre enfin ils sont des flagellés !...
Accablés de tracas, loin d'être mérités,
Lorsque de la boisson l'effet vient disparaître,
Chacun d'eux réfléchit et doit bien reconnaître,
Que la faute est à lui s'il se voit malheureux ;
Loin d'être cependant un peu plus vertueux,
Plus tard l'occasion se représente-t-elle,
Ces gens vont s'amuser à boire de plus belle,
S'inquiétant fort peu si dans leur intérieur,
Leurs enfants ont du pain... pour eux un seul
            (bonheur,

C'est celui de mener une sale conduite,
Qui n'amène souvent que bien mauvaise suite,
Ils ont l'indépendance en ces jours pleins d'appas,
Et savent oublier les malheurs d'ici-bas.
Benjamin éloigné de sa triste demeure,
Ne songe nullement à l'épouse qui pleure,
A sa femme qui prie en berçant son enfant,
Et qui demande à Dieu, bonheur ! contentement !
Nous avons entendu Lafuté, sa morale,
Voyez en ce moment la preuve en est fatale,
Cet homme en apparence avait quelques vertus,
S'il en eût quelques fois il n'en possède plus.
Benjamin comme lui ne voulait, à l'entendre,
Plus boire hors de raison, comment alors
         (comprendre
Ce changement subit tout-à-coup survenu,
Ce désir de bien faire aussitôt disparu.
Si ce n'est la boisson de leur raison maîtresse,
Et qui leur fait commettre ici la maladresse,
De manquer au devoir, tout ne se disant pas :
« Je dois par mon travail amoindrir mes tracas. »
Et que vont devenir ces gens que chacun blâme ?
Qui mènent aujourd'hui cette conduite infâme !
. . . .
Ils seront méprisés, même par leurs pareils,
Car ils n'ont pas suivi du sage les conseils.

―――――

J'ai cru, dans ce travail, pouvoir dire à raison,
Que la force, n'est pas toujours dans l'union.

Ensemble pour s'aimer, se soutenir, s'instruire,
Pour propager l'esprit et pour se bien conduire,
Voilà ce qui devrait exister désormais,
Nous devons nous unir, amis, plus que jamais,
Commettant de bons actes, blâmant les mauvais.
Rappelons-nous toujours qu'aujourd'hui sur ce
(monde,
(Qui malheureusement de vicieux inonde,)
Nous pouvons dès demain être atteints par la
(mort,
Et corrompus alors quel serait notre sort ?...
. . . .
Chacun est libre enfin d'agir comme il le pense,
Mais s'il est vertueux il trouve récompense,
Non-seulement là-haut! mais encore ici bas!...
Fais bien, mon cher lecteur, et bien tu trouveras!..

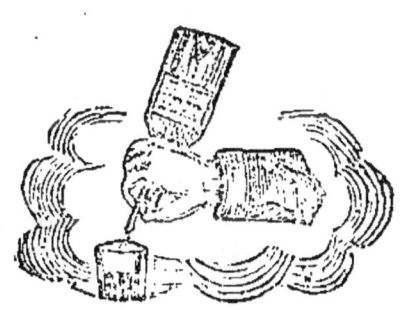

LA CARABINE LILLOISE,

OU

DANGERS D'AIMER PAR TROP VITE.

Air de Marianne ou Suzon sortant de son village.

I.

Pour servir d'eximple à chés files,
T'nez, j' m'invas leu mette au grand jour,
L'infidélité d' chés bons driles :
Quand qui veul'tent parler d'amour,
  Ch'est tout merveile,
  A vou n'oreile ;
On vous dit, t'nez, j'vous aim' comme un perdu.
  Tous chés fillettes
  Mett' dins leus tiêtes,
Qu'chés galuriaux dittent vrai, mais v'la l'ju,
Charmer vou cœur d'unn' biell' parole,
Ch'est vit' fini, vous l'pinsez bien.
Crac ! vous v'la comme un canarien
Infermé dins s'guéôle.   (bis).

La Carabine Lilloise.

II.

Ch'est par expérienc' que j'vous parle,
Et si cha peut vous fair' plaisi,
J'vous cont'rai l'histoir' du p'tit Charles,
Un carabin...... capon fini !....
  J'étos jeunn' file
  Sage et tranquile,
Quand qu'un biau jour, pourmenant avé m'sœur,
  Ch'étot no fiête,
  I m'pass' dins l'tiête,
D'courir au bal pour continter min cœur;
Loin d'pinser unn' affair' pareile,
Et pour commincher min chagrin
Un p'tit ferluquet d' carabin,
Vient m'écraser m'n orteile.   (bis).

III.

Vettiez chin qu' ch'est, qu' d'êl' tout' novice,
J'dijot, il l'a fait par malheur,
J'ai su qu' ch'étot rien qu' par malice,
Qui m' faigeot sintir chell' douleur.
  D'un air aimable,
  V'la ch' malin diable,
Qui m'parle ainsi : Pardonnez belle enfant !....
  Sitot d'li dire,
  vous volez rire,
Et vo discour est vraimint supernant.
A ch' gamin qui veut fair' des siennes,

Ch'répond té veux flatter m'n orgueil,
Apprinds donc qu' joli n'a qu'une œuil,
Pour mi j'ai les deux miennes. (bis).

IV.

Effectiv'mint quand qu' j'étos file,
J'avos des yeux comm' des gadrans,
Et j'répondros bien qu' dins tout Lile,
On n'n'avot jamais vu d'si grands.
  J'comminche à croire,
  Qu' j'imbroull' l'histoire,
Tout in d'visant de m'beauté d'auterfos,
  Faut que j'vous r'parle,
  D'min capon d'Charle,
Qui m'a fait pus d'ma que j'n'in méritos.
In l'invoyant juer à l'tompette,
J'dijos tout busian.... au bonheur !...
S'i sarot m' l'introduir' dins l'cœur,
Vraimint, je l'laich'ros mette. (bis).

V.

Infin ch'garchon, quoique j'le r'bute,
A tous prix i veut m'fair' danser,
Dijeant n'craignez donc point l'culbute,
Mieux qu'on bon qu'va j'sais galoper.
  Alors sans peine,
  V'la qui m'intraîne,

Déjà, vraimint, je r'ssintos du bonheur,
    Infin j'manime,
    N'ya point là d'crime,
Tout galoppant, tic! tac! faigeot min cœur.
In s'esquintant faut-i qu'je l'diche,
Compernez!.... tout s'désafiquôt,
J'ai perdu tout faigeant ch' galop,
Un biau têton postiche!   (bis).

VI.

Vous souriez de ch' l'avinture,
Dins ch'momint là je n'rios point,
Ch'machin berdouillot dins l'ordure,
Et dev'not mol comm' du vieux zoing.
    Quoich' qui faut faire?
    Rir' putôt qu'braire,
Ch'est l'vrai moyen pou cacher m'n imbarras.
    Va-t-in fair' foute,
    In route! in route!
Et sautillons pour oublier tout cha.
Un homme du régimint des propes,
Et qui n'sait rien laicher trainner,
Criot : qui a perdu, j'ai trouvé,
Un téton qui galoppe!....   (bis).

VII.

A ch'mot là j'infile uun' gloriette,
Marchant d'vant mi à tout-t-hasard,

T'nez, j'venos d'attraper les v'nettes,
On arot cuit on œuë quéqu' part....
  J'intinds qu'on m'parle,
  Ch'étot Chacharle,
Qui m'suivot pour profiter du momint ;
  Là tout s'imbroulle,
  Comme unn' berdoulle,
Je m'laiche aller, pour li quel agrémint !...
J'avos perdu m'sœur, chell' pauf' file !...
Nous r'trouve, et tout brayant d'bon cœur,
Ell' dit, ch'garchon f'ra tin malheur,
J'sus bien sûr qui t'infile. (*bis*).

VIII.

Min Carabin tout in colère
De s'vir ainsi coper l'chifflet,
Dit, j'n'aim' point t'sœur, pour min défaire
Vette l'ju que j'viens d'invinter :
  V'la qui s'approche
  Près d'unn' caroche,
I m'dit comm' cha, mont' là d'dins, nous
      [s'rons bien].
  Vas, si j't'imbrasse,
  Si j'timbarrasse,
Te criras j'parte !... alors je n'frai pus rien !
L'cocher, point sourd, nous tient ch'iingache :
Du bonheur vous d'sirez jouir !....
Tout cha ch'est bon.... n'faut point partir
Sans payer vou voyache. (*bis*).

IX.

Là d'ssus, Chacharle impoine s'bourse,
Et paie d'avanche l'conducteur,
Qui dijot, tiens, j'maudis chell' course !
Cha n'se pass'ra point sans malheur !
      On crie : arrête !
      J'vette à l'ferniête,
Jésus bon Dieu ! n'ya quéqu'un d'écrasé !
      On pousse uun' plainte,
      Sitôt d'deschinte,
Ch'étot m'pauv' sœur à plat vint' su l'pavé.
Sus l'marche-pied, ayant pris plache,
Ell' s'avot mi sur un grand clo,
Qui v'not d'li faire un fameux tro
Tout juste in plein visache.   (bis.)

X.

Nous avons plaché m'sœur Christine,
dins chell' caroche à côté d'nous,
Min p'tit étudian en méd'cine,
Pou l'point l'ginner m'tient sus ses g'noux.
      Faut i vous l'dire,
      Ch'gamin veut rire,
Mais j'li réponds je n'n'ai d'jà trop comm' cha;
      Alors min drole,
      Sur chell' parole,
A fait la mine, et mêm' m'a planté là.

Christin' pou m'consoler d'avanche,
Dijot, oublions ch'vilain jour!....
Vas! Vas! i faut gramint d'amour,
Pour remplir unu' biell' panche.   (*bis*).

XI.

Chell' fille iggnorot bien les peines,
Qui d'vottent pus tard m'accabler,
Siept mos, trint' jour et quat' semaines,
M'ont donné l'temps de m'laminter.
   Cacher l'boutique,
   S'dire hytropique,
J'l'aros voulu, cha n'a point réussi,
   Les comanettes,
   Et l's aut's fillettes,
De s'mette à rire i pernottent plaisi.
Un momint faut-i qu'on s'oubliche,
Pour sin souv'nir à tout jamais?....
Evitez d'faire d'pareils traits!
Vaut mieux êt' brav' que riche!....   (*bis*).

MORALE.

Filles sensibles au langage
Dicté par un amour trompeur,
Souvent, quand le cœur est volage,
Aimer c'est faire son malheur.
   Pour s'en défendre,
   Il faut comprendre,

Tous les dangers qu'une enfant peut courir.
>Si dans son âme
>Règne une flamme,
Pour un sujet qui perd son avenir.
Attendre que Dieu vous amène,
Un époux qu'il choisira bien,
On peut, je crois, par ce moyen,
Méconnaître la peine. *(bis)*.

Zabette & Milord Pouf,

ou

LA DISEUSE DE BONNE AVENTURE.

Scène Lilloise,

DÉDIÉE A M. H. SIX.

Sur l'air : *Allons donc, petit Suisse, à l'ouvrage.*

Parlé. Ah! cha, j'vodros bien qu'on m'diche chin qu'mes Servantes, Cuisinières, Garchons d'hôtel et tous l's aut's pratiqu's sont dev'nus? Ordinair'mint sitôt l'brune arrrivée, i faut mette l'caf'tière au fu, aujord'hui v'là siept heur's et point un quien n'est v'nu m'étrinner, si cha continu j'in s'rai pou mes braisses et m's escarbilles...... Ouf! on peut

Zabette et Mylord Pouf.

dire qu'in v'là du soingné... pernon unn' prisse... à chaque fos que j'fais les cartes u bien l'café à unn' sait-qui, on est toudis bien sûr qu'ell' dira (elle éternue atchi). ch'est (atchi) la vérité ; d'abord, à mi l'pompon, j'n'infloune personne d'au moins ! Tout un chacun porot vous l'dire, témoin l'grosse Tronquette, l'femme à Platébourse, j'li ai bien dit qu'elle arot mis unn' séquoi d'drôle au monde ! quinze jours après elle étot l'mère d'unn' espèce de jeone de quien ; cha n'povot point manqué, elle avo u peur d'un cat épouvinté, infin..... cha n'impêche, qui n'me vient personne. Ouf! pernon unn' prisse.

I.

Patientons, attindons unn' pratique,
J'espèr bien qu'on ven'ra m'étrinner,
Dins ch'momint j'ai vraimint la colique,
D'puis tantôt j'nai rien su ramassser.
    On n'dira pourtant point
    Qu'Zabette a manqué d'soins,
    Tout leu faigeant l'café,
    J'leu fais boire un gob'let,
Sans compter par-dessus tout l'boutique,
Les tamblett's que j'leu donne à chucher.

Parlé. Bon! v'là min poële éteint et point d'fu dins m'vaclette, quoich'que j'vas faire à ch't'heure? J'n'in sais point! v'là min café sus l'fu et si un homme m'arriv'rot je n'porot point l'récauffer (ch'est du café que j'parle, savez).

Un Anglais. — Mad'moiselle Zéabette.

— (Jésus! mon Dieu, v'là quéqu'un), quoich'qui n'ya pourvout'service Monsieu?

— Volez vô entrer lé porte de votre tiounel en dedans de votre intérieur, je venais consoulter vô intérieurement.

— Tiens, tiens, i parle all'mand! ch'est p'têt' un flamind? infin n'importe; arrivez dins m'cave, Monsieu.

— Bonjeor, comment potez vô vous même, cett' soir?

— Cha va gramint mieux qui n'a été, comme vous povez l'vir, j'vis toudis toute seule avec min quien, Monsieu.

— Très-bien, merci.

— Assigez-vous et dit' me chin qu'on peut vous servir.

— Donné à moà, si vô plaît, unn' demi-tasse.

— Bon, a ch't'heur' vous pinsez d'êt' au Café Français.

— Oh yès, je vôlais le café français, car

on m'a dit que le destinée de moâ il se trouvait dedans le café.

— Ch'est un pochon qui veut, puisch'que j'n'ai point d'fu, faut mi prinde autermint.... dit' donc, Monsieu l'all'mand?

— Vô disez Zéabette?

— J'm'in vas batte unn' tournée avé mes 'cartes, hein?

— No, no, je vôlai pas dutout me trouver dédans lé appartement de d'un escamoteur.

— Monsieu, vous compernez point l's affaires, pernez uun' quayère et fait's bien vite l'bouton d'vou bouque, chh......ut.

— Yès je taisais lé parlement de moâ, pour savoir, si vou plaît, tout d'suite, où je pouvais trouver lé bonheur, que je trouvais pas du tout.

II.

ZABETTE.

J'vas Monsieu, batte d'deux pou ch'l'affaire,
Premier point, vrai, j'ai b'soin de l'savoir,
S'rits vous incor célibataire?
Un mari qui s'trouve dins l'désespoir?

S'rits vous un d'chés gins
Chiffonnés d'leus destin?
Dit's m'in peu vou malheur,
Et ch'consol'rai vou cœur.

L'ANGLAIS.

Je avais quitté lé Angleterre,
Et je venais chercher le bonheur.

Parlé. — Quoich'qui veut dire aveuc sin bonheur? Vayez in peu chin qu'j'ai à vous dire, Monsieu? j'cros qu'vous n'avez point raison d'vous laminter; d'abord contez m'in peu vou n'histoire.

— Je vôlai bien. Je suis de Meinchester.

— Très bien!

— Je avai u dans lé Angleterre in papa et aussi in maman... oh yès, le papa de moâ il connaissait très-fort le papa de milady Poussfort, mais moâ je connaissais pas du tout; voilà donc que lé papa dé elle et le maman aussi dé elle avaient conv'nu avec lé papa de moâ que milady il serait mon femme, oh! yès, après quinze jours de mariage ensemble, mon femme il avait réfléchi d'endormir elle pour toujcors; je trouvais cette petite stioupide de bête de créature dans son lit toute seule, je lui dis bonjeor! elle réponlait pas du tout bonjeor; allons, je disais, e existence de elle il était en'allée, et je vais aussi mé en'aller dans le France, pour chercher lé bonheur.

— Ch'est bon, milord, à ch't'heure j'comprinds, copez de l'main gauche, puisch'que vous êtes vëf.

— Si vou vôlez aller chercher lé main gauche de moâ dans le Britanique, je couperai vô.

— Tiens! ch'est vrai, vous ête affligé.

— Yès, je souis affligé par lé douleur de ne pas trouver lé bonheur.

— Bon, me v'là d'dins aveuc sin bras d'moins.

III.

ZABETTE.

Vous n'pouvez point coper de l'main gauche
Copez d'l'aut' vous pass'rez pour garchon,
Accoutez : vous avez unn' caboche
Qui vous f'ra mourir comme un poltron;
    V'là comme vous finirez,
    Un biau jour vous s'pindrez.

L'ANGLAIS.

God'dem! je volais pas
Que vous disais cela!

S'rits vous un d'chés gins
Chiffonnés d'leus destin?
Dit's m'in peu vou malheur,
Et ch'consol'rai vou cœur.

L'ANGLAIS.

Je avais quitté lé Angleterre,
Et je venais chercher le bonheur.

Parlé. — Quoich'qui veut dire aveuc sir bonheur? Vayez in peu chin qu'j'ai à vou dire, Monsieu? j'cros qu'vous n'avez poin raison d'vous laminter; d'abord conte: m'in peu vou n'histoire.

— Je vôlai bien. Je suis de Meinchester
— Très bien !
= Je avai u dans lé Angleterre in pap: et aussi in maman... oh yès, le papa d moâ il connaissait très-fort le papa d milady Poussfort, mais moâ je connaissai pas du tout; voilà donc que lé papa dé elle e le maman aussi dé elle avaient conv'nu ave lé papa de moâ que milady il serait mor femme, oh! yès, après quinze jours d mariage ensemble, mon femme i avait réfléchi d'endormir elle pou toujcors; je trouvais cette petite stio: pide de bête de créature dans son li toute seule, je lui dis bonjeor ! elle répon

dait pas du tout bonjeor; allons, je disais, le existence de elle il était en'allée, et je vais aussi mé en'aller dans le France, pour chercher lé bonheur.

— Ch'est bon, milord, à ch't'heure j^e comprinds, copez de l'main gauche, puisch'que vous êtes vëf.

— Si vou vôlez aller chercher lé main gauche de moâ dans le Britanique, je couperai vô.

— Tiens! ch'est vrai, vous éte affligé.

— Yès, je souis affligé par lé douleur de ne pas trouver lé bonheur.

— Bon, me v'là d'dins aveuc sin bras d'moins.

III.

ZABETTE.

Vous n'pouvez point coper de l'main gauche
Copez d'l'aut' vous pass'rez pour garchon,
Accoutez : vous avez unn' caboche
Qui vous f'ra mourir comme un poltron;
  V'là comme vous finirez,
  Un biau jour vous s'pindrez.

L'ANGLAIS.

 God'dem! je volais pas
 Que vous disais cela!

Pan ! je donnai à vô unn' taloche,
Tout-à-l'heur' l'Anglais il vous pendra.

Parlé. — Aoh, yès, je volais boxer vô.

= Jésus bon Dieu, Véronique! Véronique! à la garde, aller l'quer, si vou plaît.

VÉRONIQUE.— Ah cha, Zabette, vous volez rire, bien sûr, ch'n'est point qu'à quarante-tros ans vous arrite incor besoin d'garde?

— Mais vous n'compernez point, Véronique, on veut m'assaziner.

— Fallot l'dire tout d'suite, allons j'vas quer la garde.

— Oh! yès, allez chercher le garde.

VÉRONIQUE. — V'là justemint Bielletouche.

LE CAPORAL BELLETOUCHE. — Quoich'qui n'ya ichi? Véroniqu' vient de m'dire qu'un inglais voulot boxer chell' bonne Zabette? dite un peu loscogriffe, v'nez un peu au violon avec mi.

— Je connaissais pas du tout le miousique, mais je venais tout d'même si vous pouvez me dire où je pouvais trouver le bonheur.

— Au poste! au poste!

— Dins le poste?..... je venais tout d'suite alors.

— Viens! capon d'Inglais.

COUPLET FINAL.   (Vivace).

BELLETOUCHE.

Arriv' donc, gueux d'inglais, j'm'in vas t'mettè
Au violon pour t'apprinde à chiffler.

L'ANGLAIS.

Yès, Moseu, vous êtes bien honnête,
Enchanté de vous accompagner,
  Vous allez à mon cœur,
  Rendre enfin lé bonheur;
  Je suis très-parfait'ment,
  Dans lé enchantement.
Pottez bien, bonsoir, mam'zell' Zabette,
J'ai trouvé le bonheur, à présent.

LES VISITES MATINALES,

ou

JEAN-LOUIS LE PARESSEUX,

Sur l'Air : Je n'ai pas vu mon Amant,
ce matin, etc.

I.

Pan !.... pan !
On buque à m'porte.
Pan !.... pan !
Ch'est unn' sait qui.
Pan !.... pan !
Que l'diabl' l'importe.
Pan !.... pan !
J'reste à min lit.
N'faudrot ti point pour plaire à tous chés gins,
Avant que l'diable uch' mi ses bottes,

Les Visites matinales.

N'faudrot ti point pour plaire à tous chés gins,
 Et' sus pied comm' les canariens?

Parlé. N'ya-ti quéqu'un.

— (Isidore bégayant). Aoui ch'....est Z....zidor.

— Vas t'coucher, t'as incor sommei.

— Ou...ou...ouvrez un peu si vous p....laît ! m'...femme vient d'faire ca...ca...cas...imint unn' fausse-couche.

— Est-ch' que j'mets l'nez dins chés affaires là? Vat au diable et laich'me tranquil, bougre!...

II.

 Pan!.... pan!
 On buque incore,
 Pan!.... pan!
 Je n'sus point là.
 Pan!.... pan!
 L'invi m'dévore,
 Pan!.... pan!
 D'crier me v'là.

(En parlant, après tout).

N'faudrot ti point pour plaire à tous chés gins,
 Avant que l'diable uch' mis ses bottes,
N'faudrot ti point pour plaire à tous chés gins,
 Et' sur pied comme les canariens.

Parlé. — Qui ch' que ch'est?

— Ch'est mi qui vient au s'cours pour Cath'rine l'blanchisseuse.

— Eh ben ! quoich' qui gna?

— I gna fu.

— Eh du?

— A sin cu....roir.

— Vat au diable et laich' me dormir.

III.

Pan !.... pan !
Quell' triste affaire.
Pan !.... pan !
Incore unn' fos.
Pan !.... pan !
Veux-tu bien t'taire,
Pan !.... pan !
Sacré tout sot !
N'faudrot ti point pour plaire à tous chés gins,
   Avant que l'diable uch' mi ses bottes,
N'faudrot ti point pour plaire à tous chés gins,
   Et' sur pied comme les canariens.

Parlé. — Qui ch' que ch'est?

— Ch'est mi.

— Qui mi?

— T'mintresse Victoire, vilain pun poire, avant d'aller ouvrer j't'apporte un p'tit peu de m'crême pour mett' dins tin café.

— Ah bougre!.... un p'tit momint, je m'lièfe tout d'suite alors!...

FINAL.

A la bonne heure, au galop j'vas m'lever,
   Un p'tit momint, Victoir' j'arrive,
Si t'crême est bonne après n'n'avoir goûté,
   Deux fos nous porons r'quemincher.

P'tit Jot à l'Ducasse de l'Madelaine,

ou

Contentement passe richesse.

POCHADE

Dédiée à M. Louis Hévin.

Air du Garçon d'honneur, qué bonheur, etc.

REFRAIN.

Hi! hi! hi!... que plaisi!
Faut croir' que ch'étot fait pour mi,
Hi! hi! hi!... que plaisi!
J'en ven'rai bouffi.
Hi! hi! hi!... que plaisi!...
Pour rire unn' fos v'nez par ichi,
Que plaisi! que plaisi!
Ch'est cha du plaisi!

I.

Vous allez connoîte ch'l'avinture,
Et p'tit Jot,
Au pus tôt,
J'vous l'l'assure,
ous f'ra t'nir vous penche et vou figure,
Grimac'ra comme un cat,
Qui s'in va de d'là... Kiiii!
Imitez le cri du chat tout riant : kiich).

Parlé. Diminche après dinner nous vîme aveuc Lochedequien déquerqué la nitant du batiau d'un *batelier d'carbon*, Joi! que m'dit min comarate, nous allons nous aire unn' honnêt'té in nous saluant d'cha-:un unn' demi-doulie, après cha nous uverrons nos deux qu'va d'trompette dins 'humanité quer un och'pot; cha y est, n quittant l'batiau nous rintrons dins 'Barque d'Or, nous avalons nos deux arins et nous s'quittons, j'rintre à m'ma-:on, là j'trouve m'femme in train d'chu-:her unn' demi-douzaine d'tamblettes, out se r'passant unn' caf'tière d'chicorée pa l'coco. Mi, bien loin d'li dire unn' équoi, j'l'approche tout faigeant d's ailes le pigeons, elle me r'vette, j'li moutre les

P'tit Jot à l'Ducasse de l'Madelain

ou

Contentement passe richesse.

POCHADE

Dédiée à M. Louis Hévin.

Air du Garçon d'honneur, qué bonheur, etc.

REFRAIN.

Hi! hi! hi!... que plaisi!
Faut croir' que ch'étot fait pour mi,
Hi! hi! hi!... que plaisi!
J'en ven'rai bouffi.
Hi! hi! hi!... que plaisi!...
Pour rire unn' fos v'nez par ichi,
Que plaisi! que plaisi!
Ch'est cha du plaisi!

I.

Vous allez connoîte ch'l'avinture,
  Et p'tit Jot,
  Au pus tôt,
  J'vous l'l'assure,
Vous f'ra t'nir vous penche et vou figure,
  Grimaç'ra comme un cat,
  Qui s'in va de d'là... Kiiii !
(Imitez le cri du chat tout riant : kiich).

Parlé. Diminche après dinner nous avîme aveuc Lochedequien déquerqué la mitant du batiau d'un *batelier d'carbon*, Jot ! que m'dit min comarate, nous allons nous faire unn' honnêt'té in nous saluant d'chacun unn' demi-doulle, après cha nous inverrons nos deux qu'va d'trompette dins l'humanité quer un och'pot ; cha y est, in quittant l'*batiau* nous rintrons dins l'*Barque d'Or*, nous avalons nos deux tarins et nous s'quittons, j'rintre à m'mason, là j'trouve m'femme in train d'chucher unn' demi-douzaine d'tamblettes, tout se r'passant unn' caf'tière d'chicorée pa l'coco. Mi, bien loin d'li dire unn' séquoi, j'l'approche tout faigeant d's aîles de pigeons, elle me r'vette, j'li moutre les

doupes que j'venos d'gagner à l'sueur de
min front, et j'li dis : Véronique, cha n'va
point toudis si bien! t'as du pain, t'aras
de l'viande, vas-t-in bien vite nous quer
un morciau d'fesse, pindant ch'tems là
j'cang'rai d'quemiche et s'il faut j'ébroue-
rai les loques d'no p'tit garchon ; bon !
elle s'in va, j'cours à l'Brêche, nous
juons tros d'mi-potées à pil ou crox avec
Gérome Lécauffé, j'gague et j'rintre à
m'cave avant que m'femme ne r'vienche:
premier plaisi de l'journée; allez, mes
braves gins, quand qu'j'y pinse, eh non, i
faut absolumint que j'riche comme un
bochu..... comme un bochu qui rit, bien
intindu.

REFRAIN.

Que plaisi! que plaisi!
Vettiez mes brav' gins comme j'in ri.
Hi! hi! hi! que plaisi!
J'in ven'rai bouffi.
Hi! hi! hi! que plaisi!
J'vous souhait' vraimint d'rire autant qu'mi,
Que plaisi! que plaisi!
Ch'est cha du plaisi!

II.

C'jour là ch'étot l'ducass' de l'Mad'leine,
      J'avos dit,
      Dins m'n'esprit,
     Pou m'méquenne,
J'vas l'rinde heureus' comme unn' petit' reine,
      Li d'mander,
      Pou l'charmer,
    D'aller pourmener.

Parlé. Aussi! vous n'in doutez point, unn' fos m'femme r'venue, l'och'pot mingé, j'li dis : Véronique, si te veux mette t'n écourcheux rouche et t'colinette, in chinq minutes nous irons vir du côté du fourboug de l'Mad'leine ; Jésus de Dieu!.... chell' proposition, si rare pou m'femme, li cope l'haleine, elle bourle d'tout sin long, et va s'assir juste in plein mitant d'l'marmite au bouillon, tiens chuche !.... in v'là unn' position ; infin j'li ressu sin c... dos, et j'li fais gober pou chinq doupes de g'nuëfe, quand qu'elle a r'pris connaissance, ell' m'a impoigné pa l'cou, tout m'pochinnant, in m'digeant p'tit Jot ! te m'as saisie pus d'à quinze plaches, il arrivra unn' séquoi d'drôle ch'l'année ichi, te ven'ra bochu u bien mi j'tournerai

7.

hydrolique, v'là l'première fos d'puis
queve aus d'marlage qu'te fais unn'
politesse, dins ch'momint là j'avos l'arme
à l'œil, mais ch'étot d'plaisi. Dieu ! quand
qu'j'y pinse !.....

REFRAIN.

Que plaisi ! que plaisi !
Vettiez, mes brav's gins comme j'in ri,
Hi ! hi ! hi ! que plaisi !
J'in ven'rai bouffi.
Que plaisi ! que plaisi !
J'vous souhait' vraimint d'rire autant qu'mi,
Que plaisi ! que plaisi !
Ch'est cha du plaisi !

III.

Infin nous fermons l'cave à l'serrure,
Et nous v'là
I'a d'ssous l'bras,
Qu'on s'figure,
Tout l'contint'mint de m'pauv' créature,
Nous partons,
Nous s'tenons,
Raid's comme deux batons.
Parlé. Et allez-y casquette, nous v'là
partis pou l'fourboug, tout l'long de
l'route j'rincontre Françoes Lescarbille

eue Adrien Belléplotequi s'sont mi à rire
ich'que j'pourmenos m'femme, mais
ai bien su leu réponte qui f'rôttent gra-
int mieux d'busier à leus femmes qui
aionnent peut-ête in berchant leus
tits mioches, putôt qu'à s'pourmener
u boire des tonniaux ; cha leus a cloé
bec à tous les deux et nous avons con-
nué no route; arrrivés à l'ducasse, j'ai
mandé à m'femme si elle volot aller vir
1 marchand d'faltran qui brûlot d's
oupes d'dins s'bouque, et qui r'tirot du
ban d'sin *gosier tricolore*; elle accepte et
us s'bousculons pour intrer dins l'foule
s gins qui intron'tent. I gna'vo un gros
onsieu aveuc unn' penche à porette, on
a raplati comme unn' vraie couqu'
que; ch'ti chi criot aye! aye! aye! min
as; l'aute aye! aye! aye! m'gampé, de
'l'affaire Ad'laïte l'mintresse à Belléflutes
perdu sin jupon, infin j'espéros toudis
'nous arrîmes intré les pieds blancs,
ut d'un cop patatrac! l'escahier s'infonce
nous faigeons tertous bonhomm'
rtière, heureus'mint pour tout un
acun, tant d'tués que d'blessés n'ya eu
rsonne d'mort, excepté unn' gross'
che que jai trouvé raplatie sus m'cuiche
défaigeant m'marronne au momint

hydrolique, v'là l'première fos d'pu
 nuève aus d'marlage qu'te fais un
 politesse, dins ch'momint là j'avos l'arm
 à l'œil, mais ch'étot d'plaisi. Dieu ! quan
 qu'j'y pinse!.....

REFRAIN.

Que plaisi ! que plaisi !
Vettiez, mes brav's gins comme j'in ri,
Hi ! hi ! hi ! que plaisi !
J'in veu'rai bouffi.
Que plaisi ! que plaisi !
J'vous souhait' vraimint d'rire autant qu'mi
Que plaisi ! que plaisi !
Ch'est cha du plaisi !

III.

Enfin nous fermons l'cave à l'serru
  Et nous v'là
  P'a d'ssous l'bras,
  Qu'on s'figure,
Tout l'contint'mint de m'pauv' créatu
  Nous partons,
  Nous s'tenons,
 Raid's comme deux batons.
Parlé. Et allez-y casquette, nous
 partis pou l'fourboug, tout l'long
 d'route j'rincontre Franços Lescarl

aveuc Adrien Belléplotequi s'sont mi à rire pach'que j'pourmenos m'femme, mais j'ai bien su leu réponte qui f'rôttent gramint mieux d'busier à leus femmes qui braionnent peut-éte in berchant leus p'tits mioches, putôt qu'à s'pourmener pou boire des tonniaux ; cha leus a cloé l'bec à tous les deux et nous avons continué no route; arrrivés à l'ducasse, j'ai d'mandé à m'femme si elle volot aller vir un marchand d'faltran qui brûlot d's étoupes d'dins s'bouque, et qui r'tirot du ruban d'sin *gosier tricolore*; elle accepte et nous s'bousculons pour intrer dins l'foule des gins qui intron'tent. I gna'vo un gros monsieu aveuc unn' penche à porette, on li a raplati comme unn' vraie couqu' baque; ch'ti chi criot aye! aye! aye! min bras; l'aute aye! aye! aye! m'gampe, de ch'l'affaire Ad'laïte l'mintresse à Belléflutes a perdu sin jupon, infin j'espéros toudis qu'nous arrîmes intré les pieds blancs, tout d'un cop patatrac! l'escahier s'infonce et nous faigeons tertous bonhomm' partière, heureus'mint pour tout un chacun, tant d'tués que d'blessés n'ya eu personne d'mort, excepté unn' gross' puche que jai trouvé raplatie sus m'cuiche in défaigeant m'marronne au momint d'aller schloff; allez mes braves gins, quand que j' pinse à ch'l'affaire, i faut vraimint que j'riche à vinte déboutonné.

REFRAIN.

Que plaisi! que plaisi!
Vettiez, mes brav's gins comme j'in ri,
Hi! hi! hi! que plaisi!
J'in ven'rai bouffi.
Que plaisi! que plaisi!
J'vous souhait' vraimint d'rire autant qu'mi,
Que plaisi! que plaisi!
Ch'est cha du plaisi!

IV.

Aussitôt chacun ramasse s'viante,
Nous introns,
Nous s'pluchons,
M'femm' me d'mante,
Qu'minche qui s'fait qu'un qu'va, qu'unn' biéte
(vivante,
s'trouve là d'dins,
Pou l'momint,
Au mitant d'chés gins.
Parlé. Te n'vos point, que j'dis à m'femme, que ch'poulain est d'société avé l'charlatan, t't'à l'heure si vient bien,

nous li verrons faire d's aîl's de pigeons u bien t'nir un poidse d'vingt tilogs à bras raite. Tout d'un cop j'intinds qu'on li dit: « *(Imitez le Gascon)*. Mon ami; tu vas m'faire le plaisir de désigner à l'aimable galerie qui nous entoure le plus gourmand de la société et pour ne point prolonger la séance tu me désigneras en même temps la plus amoureuse et le plus ivrogne. » Min capon d'queva fait ses tros tours, i s'arrête juste à min garchon, Polinaire avot s'bouque imbarbouillée d'pain d'curiche, premier affront; bon, incore tros tours et l'queva vient pourléquer m'femme, Véronique vient griss', rouche, gonne, verte, maconnée, deuxième affront; Bellotte r'tourne à sin maite, et là-d'ssus j'dis tant mieux, min tour est passé ; aye! aye! aye! v'là incore unn' fos l'charlatan qui dit à sin qu'va : Mon ami, vous avez mi l'essentiel dedans le sac, et le plus ivrogne?.... Bellotte rabache s'queue d'saisiss'mint, ell' fait tros égambées et vient juste mette sin musiau sus l'mien ; sacré voleur de sort, me v'là pris, j'viens rouche comme du vermillon tout faigeant semblant de rien, mais m'femme ell' me dijot toudis: « Ch'est à ti qui n'n'a, d'aumoins, » je l'sais fichtre bien, que j'li répond ; min

garchon criot toudis, hue! Bellotte, hue!
vous s'trompez, hue! l'queva n'bougeot
point, tout d'un cop j'prinds l'affaire du
bon côté et je m'mets à crier tout riant :
J'm'appelle p'tit Jot, quand que j'bos j'paie,
j'n'ai jamais fait blanqu'route pour
m'inrichir, m'mason n'a jamais brûlé
pour min plaisi, je n'connos point d'faux
carculs, mi ; aussitôt j'vos l'gros penchu
fiche l'camp tout grattant à s'n oreille,
unn' vingtaine d'autes font comm' li,
tout l'reste de l'boutique pinsant bien sûr
que l'pinstaque est fini s'in vont aussi,
et nous restons quasimint tous seu avé
l'qu'va ; je n'sais point si l'poulain
s'doutot qu' j'allos li parler français, i me
r'vetiot avé d's yeux in coulisse et tout
rabachant s'queue qu'on n'n'aro pris
vraimint pitié, quand qu'à mi, contint
de m'n'affaire intérieur'mint, j'étos faro
et min cœur dansot d'joie.

REFRAIN.

Que plaisi! que plaisi!
Vettiez, mes brav's gins comme j'in ri,
Hi! hi! hi! que plaisi!
J'in ven'rai bouffi.
Que plaisi! que plaisi!

J'vous souhait' vraimint d'rire autant qu'mi,
Que plaisi ! que plaisi !
Ch'est cha du plaisi !

V.

Il est tems que j'finiche m'n histoire,
J'in diros,
D'trop parfos,
Pou m'faire croire.
A l'habitude unn' fameus' daquoire,
Pou finir
Et partir,
A v'nu nous fraiquir.

Parlé. Nous étîm's dins chell' baraque in plein air perchés jusqu'à l'piau, m'femme criot toudis : P'tit Jot, j'ai m'quemiche qu'ell' cole tout partout ; min garchon brayot tout digeant : Mon père j'ai d'zoin d'faire mes d'zoins ! mi loin d'mette l'nez dins ch'l'affaire je n'm'occupos que d'min capon d'queva, in m'promettant bien d'li fiche d'ssus les ongles, tout d'un cop pindant que l'maite a l'cu tourné, j'applique un grand cop d'poing sus ch'ti du qu'va pou l'prév'nir tout duch'mint qu'j'ai unn' séquoi à li dire, i se r'tourne et fiche un cop d'tiête à Véro-

nique si bien appliqué qué n'n'a incore
l'bas des reins tout inflé, ah vilain bougre,
te t'in mordra les dogts, p'tit lâche, racu-
sette de pâté, on n'n'a trente-six pour
un.... p....aie tes dettes vilain bougre!
t'as moutré à tout l'monde que j'étos
soulo, si ch'est t'n'ouvrache d'dénoncer
les gins, te fais là un sal métier, t'aros
mieux fait de t'mette à l'caval'rie, à tout
l'moins t'aro peut-ête moru pou la patrie,
et ch'est gramint pus biau que d'morir
d'un cop d'chabot comme ch'tichi, pata-
trac, sus l'même momint j'li alonge min
sorlet in d'zous de s'queue que l'sang li a
pété pa sin nez... j'vos qui va bourler du
côté qui veut quer, j'impoigne min garchon
et nous v'la partis contints comme des
Dieux, nous étîm's r'vingés, ch'étot tout.
D'puis ch'l'aubate et quand j'y busie,
j'répète toudis :

REFRAIN.

Que plaisi! que plaisi!
Faut croir' que ch'étot fait pour mi.
Hi! hi! hi! que plaisi!
J'in ven'rai bouffi.
Que plaisi! que plaisi!
J'vous souhait' vraimint d'rire autant qu'mi,
Que plaisi! que plaisi!
Ch'est cha du plaisi!

Le Marchand de Prunes.

LE MARCHAND DE PRUNES
ET
LES ÉPOUX BLANBEC
CHEZ LE COMMISSAIRE.

Dédié à M. A. Marhem.

Air des Compliments de Normandie.

REFRAIN.

LE COMMISSAIRE.

Par devant le commissaire,
Claire, exposez vos raisons,
   Allons !
   Voyons !
Nous les arrangerons,
Racontez-lui votre affaire,
Compétents, nous écoutons,
   Allons !
   Voyons !

Mes amis, procédons,
Par devant le commissaire,
Claire, exposez vos raisons,
Parlez, Claire,
Votre affaire,
Au mieux nous la jugerons.

I.

CLAIRE.

Moi, foi de Claire,
Dans cette affaire,
Je dois me taire,
Assurément,
Choses communes !...
Pour quelques-unes,
Parler de prunes,
C'est indécent.
Un seul mot.... pour la foire,
A Lille on nous vit promener,
Mais j'étais loin de croire,
Que nous aurions pu l'attraper.

REFRAIN.

LE COMMISSAIRE.

En vérité, pauvre Claire,
Je vous plains, assurément,

Comment !
Vraiment !
Vous eûtes ce tourment !...
Loin de dire le contraire,
Je conviens que c'est bisquant,
Vraiment !
Vexant !
Mais qu'y faire, à présent?
Vous m'avez conté l'affaire,
Il est vrai, c'est évident,
Qu'elle est claire,
Mais qu'y faire?
Oubliez, c'est plus prudent.

II.

LE MARCHAND.
J'viens pour mes prones,
Par chint personnes,
Les trouv'tent bonnes,
Excepté ch'quien.

BLANBEC.

Cher commissaire,
Voici l'affaire :
Ma pauvre Claire,
Qu'était si bien,
Voulut par gourmandise,

A ce drôle, acheter des fruits,
Sentez, sa marchandise,
A prout! prout! prout! nous à réduits.

REFRAIN.

LE COMMISSAIRE.

En vérité, etc., etc.

III.

LE MARCHAND.

Quell' drôl' d'histoire,
Vous povez m'croire,
Ch'est pour la foire,
Qu'chés gins sont v'nus.
A ch't'heure in prousse,
Madam' se r'trousse,
Tout l'l'éclabousse,
I n'in faut pus.
Hier, in r'vettiant mes prones,
Sans dire à vout' servic' savez,
Hou! lala! qui sont bonnes,
Qu'ell' dijot, sans r'tirer sin nez.

REFRAIN.

LE COMMISSAIRE.

En vérité, etc., etc.

IV.

CLAIRE.

Quelle insolence,
Ciel! quand j'y pense,
D'impatience,
Je n'y tiens pas.
Ce misérable,
D'horreurs, m'accable,
Mon homme, Aimable,
A vu les cas.

BLANBEC.

Maman, dans cette affaire,
Je n'ai certes pas mi le nez,
J'ai vu la foire, Claire,
Mais deux foires, vous vous trompez.

REFRAIN.

LE COMMISSAIRE.

En vérité, etc., etc.

V.

LE COMMISSAIRE.

Je délibère,
Enfin j'espère,
Que cette affaire,

N'est pas un cas,
Pour une prune,
Plainte commune !...
J'en ai plus d'une,
N'en doutez pas.
Traitez à l'amiable,
Et ne venez plus, non d'accords,
Me déranger, que diable,
Pour un dérangement de corps.

REFRAIN FINAL.

Nous déboutons de la plainte,
Claire (écoutez bien ceci),
Ainsi !
Ainsi !
Que Blanbec son mari,
Epoux n'ayez plus de crainte,
Le cas est fait et fini,
Voici !
Voici !
Ce que j'assure ici.

LE MARCHAND.

Infin v'la m'frayeur éteinte,
J'm'in vas sans l'l'avoir volé,
Boire unn' pinte,
Unn' crass' pinte,
D'contint'mint d'avoir gagné.

Isidore, Loch'de quie

ISIDORE, LOCH' DE QUIEN,

ou

Le Chiffonnier vertueux.

Dédié à M. L.... D......

Air du Porteur d'Eau.

I.

Mes bons amis connaichez-vous dins Lille,
Un Chiffonnier qu'on appelle Isidor,
Ch'est un luron qui n'se fait jamais d'bille,
Vive honnêt'mint pour li ch'est un trésor,
Neuf fos sur diche i n'a point d'doupes,
Unn' jatt' d'iau fait s'n éculé d'soupe,
On l'l'intind dins l'ville à chés gins,
Crier d'bon cœur tous les matins:

REFRAIN.

Le v'là, le v'là,
L'marchand d'chiffons, le v'là.

(*Criez*). A-z-oches, à-z-oches, v'là l'marchand d'oche arrivé; verr's cassés, les boutelles; gna-t-i des vieux chiffons à vende parlà. *(Parlé)*. Aoui! v'là l'marchand d'oches qui criera jusqu'au momint qu'on portera les siens chez Coulon, in attindant j'fais min métier in tout bien tout honneur, Isidor' ch'est min nom de baptême, et Laguisse ch'est ch'ti de m'famille; malgré chés deux biaux titres, les comarates i m'ont surnommé Loch' de Quien, pa ch'que j'sut un marchand d'oches et qu'j'imite fin bien l'cri du quien avé m'bouque... infin soit... passons là-d'ssus et parlons d'auter cosse.

Savez-vous bien, mes gins, qu'pour bien faire min métier faut ète pus brave que vous n'pinsez, i n'faut point s'laicher tenter par tous les biaux séquois qu'on trouve d'dins les monts d'oches et d'chiffons qu'on accate: unn' fos ch'est un p'tit coutiau à manche d'argint, un faux chignon, des fausses têtes, hier incore j'avôs unn' fin drôle de tournure; unn' fos j'ai trouvé dins mes oches un service d'argint et unn' louche in vermeile. Ch'est louche, à m'mode que j'dis, vir unn' si grosse pièce d'dins des oches, i gna quéqu'un d'coupable ichi, i faut faire connoite l'voleur in r'portant tout cha, ch'est unn' mauvaise affaire pour li, mais cha l'corrig'ra, l'maite de l'mason n'pora point s'plaindre, il a perdu un service et j'li in rind deux, là-d'ssus j'rintre et j'dis, Monsieur, je n'fais commerce qu'dins les oches, v'là chin qui vous appartient.

— Comment, mon ami, ta bravoure va jusqu'à ce point?

— N'me flagornez point, j'n'aime point les flatteurs.

— Mon ami, cette action mérite une récompense, tiens, prends cette bourse.

— Vardez vo bourse, ch'ti qui n'fait qu'sin d'voir; n'mérite point d'récompinse salut Monsieur, j'me r'quémante pour vos oches quand vous vodrez les vinde....

Là-d'ssus j'ai r'pris m'route in criant dins chés rues :

Le v'là, le v'là,
L'Marchand d'chiffons, le v'là.

II.

T'nez, mes brav's gins, accoutez bien ch'l'histoire,
Quand qu'j'y busie j'brait comme un infant.
Cacher des chint's, ch'est ch'que fait m'femme
(Victoire,
Un jour au soir elle vient m'dire in brayant,
Habil, Zidor, ouvrez vou porte,
Vous allez vir chin que j'rapporte,
Pour sûr vous s'rez bien étonné,
De m'vir aveuc un nouviau né.

Parlé. — Un nouviau nez, que j'li dis, nous n'sommes point in tems d'garneval pou pinser à s'déguiser, j'ouvre l'porte et j'vos un pauf petit mioche d'ssus les bras de m'femme tout insanglanté, ouff! que j'li fais, mes gambes in flottent d'dins mes bottes!...... u-ch'que t'as trouvé ch'l'infant?

— Dins les chintes, Zidor.

— Ouh!..... que j'voudros connoite l'lâche! Aoui! l'fénéante, qu'elle a r'nié sin sang!.... accoute, Victoire, nous allons varder ch'l'infant, nous li donn'rons l'baptême, i s'ra m'n adoptif, ch'est adopté; on arot dit que ch'petit compernot, l'sinsibilité l'avot gagné i brayot comme

in infant, infin nous l'l'avons incor et si
ius tard on vient m'le réclamer, j'sarai
|uoi dire.   *(A déclamer).*

'répondrai, t'nez, Madame, accoutez
                          [chell' raison,
'infant qu'vous réclamez n'est point
                          (vou p'tit garçon.
h'n'est point mi qu'il l'a fait, mais
                          [d'vant Dieu j'in sus l'père,
t vous n'méritez point qui vous appell'
                          [monmère;
ous n'avez point trenné l'jour de vou
                          [n'accouch'mint,
ou l'flanquer sus l'pavé, bien sûr que
                          [d'dins l'momint,
our cacher vou n'action, et n'point
                          [paraitt' coupable,
ous avez dit : cachons ch'pauf petit
                          [misérable.
ous d'vites bien pinser pourtant qu'un
                          [gint d'nos gins,
l'trouvant sur l'ordure i n'le laich'rot
                          [point d'dins,
ous avit's supposs', peur d'passer pour
                          [unn' grand' coine,
n sait bien que ch'n'est point pour
                          [mesurer d'l'avoine,
u'vous vous trouvez sus ch'monde, vous

II.

T'nez, mes brav's gins, accoutez bien ch'l'histoire
Quand qu'j'y busie j'brait comme un infant.
Cacher des chint's, ch'est ch'que fait m'femme
(Victoire
Un jour au soir elle vient m'dire in brayant
    Habil, Zidor, ouvrez vou porte,
    Vous allez vir chin que j'rapporte,
    Pour sûr vous s'rez bien étonné,
    De m'vir aveuc un nouviau né.

Parlé. — Un nouviau nez, que j'li dis nous n'sommes point in tems d'garneva pou pinser à s'déguiser, j'ouvre l'porte e j'vos un pauf petit mioche d'ssus les bra de m'femme tout insanglanté, ouff! qu j'li fais, mes gambes in flottent d'din mes bottes!...... u-ch'que t'as trouv ch'l'infant?

— Dins les chintes, Zidor.

— Ouh!..... que j'voudros connoit l'lâche! Aoui! l'fénéaute, qu'elle a r'ni sin sang!.... accoute, Victoire, nous allou varder ch'l'infant, nous li donn'ron l'baptême, i s'ra m'n adoptif, ch'es adopté; on arot dit que ch'petit compernot l'sinsibilité l'avot gagné i brayot comm un infant, infin nous l'l'avons incor et si pus tard on vient m'le réclamer, j'sarai quoi dire. *(A déclamer).*

J'répondrai, t'nez, Madame, accoutez
[chell' raison,
L'infant qu'vous réclamez n'est point
(vou p'tit garchon.
Ch'n'est point mi qu'il l'a fait, mais
[d'vant Dieu j'in sus l'père,
Et vous n'méritez point qui vous appell'
[monmère ;
Vous n'avez point trenné l'jour de vou
[n'accouch'mint,
Pou l'flanquer sus l'pavé, bien sûr que
[d'dins l'momint,
Pour cacher vou n'action, et n'point
[paraitt' coupable,
Vous avez dit : cachons ch'pauf petit
[misérable.
Vous d'vites bien pinser pourtant qu'un
[gint d'nos gins,
In l'trouvant sur l'ordure i n'le laich'rot
[point d'dins,
Vous avit's suppossé, peur d'passer pour
[unn' grand' coine,
On sait bien que ch'n'est point pour
[mesurer d'l'avoine,
Qu'vous vous trouvez sus ch'monde, vous

[n'èt's point, in deux mots,
L'première, à gramint près, qui minge
[d's zharicots.
Unn' fos qu'l'histoire est faite, allez, gn'a
[pus d'avanche,
Quand mêm' cha d'vrot vous faire un
[grand tro à vou penche,
On r'connot toudis bien pus timpe u bien
[pus tard,
Qu'un garchon avec vous a profité d'
[l'hazard.
Infin, pour in finir, t'nez vous n'èt's qu'unn'
[marate,
Quand qu'vous ven'rite ichi pou brair'
[comme unn' implate,
Ch'l'infant n'partira point, il est bien u
[ch' qu'il est,
Des mèr's comm' vous on n'a bien trint'-
[six pour un p....

Parlé. Vous sintez bien... mes gins, qu' cha m'f'rot du ma d'vir in aller ch'petit garchon; ch'est vrai qu'je n'sus point l'père de m'n infant, mais je n'sus point tout seu, i gn'a gramint d'hommes qui n'sont point l'père d'leus mioches, l'auter fos j'ai incor vu unn' biell' madame aveuc un aut' homme que l'sien, j'n'ai point pu m'impêcher d'li dire : Madame,

es femmes comme vous, cha r'garde min
commerce d'chiffons.

Le v'là, le v'là,
L'marchand d'chiffons, le v'là.

III.

Vettiez, vous v'là sur l'point d'fair' des
[frisettes,
Presqu'obligés d'fair' l'amour comme
[des cats,
Ch'n'est qu'au brun soir, incore avec les
[v'nettes,
Qu'vous pourmenez, malgré vos imbarras,
Tout un chacun r'connot l'rubrique,
Vous juez d'unn' drôl' de musique,
Qu'minch' que chés biaux traits n'sont
[point vus,
Trint'-six candelle et puis l'nez d'ssus?

Parlé. Là-d'ssus madame et s'n amou-
reux sont filés comme des péneux, mi
j'ai crié derrière leus dos : à r'voir, tas
d'quiens.

Tout parlant d'quiens, j'ai l'invie
l'vous moutrer min p'tit savoir faire,
n vous racontant unn' drôl' de parate
que j'ai vu hier inter deux quiens;

[n'êt's point, in deux mots,
L'première, à gramint près, qui minge
[d's zharicots.
Unn' fos qu'l'histoire est faite, allez, gn'a
[pus d'avanche,
Quand mêm' cha d'vrot vous faire un
[grand tro à vou penche,
On r'connot toudis bien pus timpe u bien
[pus tard,
Qu'un garchon avec vous a profité d'
[l'hazard.
Infin, pour in finir, t'nez vous n'êt's qu'unn'
[marate,
Quand qu'vous ven'rite ichi pou brair'
[comme unn' implate,
Ch'l'infant n'partira point, il est bien u
[ch' qu'il est,
Des mèr's comm' vous on n'a bien trint'-
[six pour un p....

Parlé. Vous sintez bien... mes gins, qu'
cha m'f'rot du ma d'vir in aller ch'petit
garchon ; ch'est vrai qu'je n'sus point
l'père de m'n infant, mais je n'sus point
tout seu, i gn'a gramint d'hommes qui
n'sont point l'père d'leus mioches, l'auter
fos j'ai incor vu unn' biell' madame
aveuc un aut' homme que l'sien, j'n'ai
point pu m'impêcher d'li dire : Madame

les femmes comme vous, cha r'garde min commerce d'chiffons.

Le v'là, le v'là,
L'marchand d'chiffons, le v'là.

III.

Vettiez, vous v'là sur l'point d'fair' des
[frisettes,
Presqu'obligés d'fair' l'amour comme
[des cats,
Ch'n'est qu'au brun soir, incore avec les
[v'nettes,
Qu'vous pourmenez, malgré vos imbarras,
Tout un chacun r'connot l'rubrique,
Vous juez d'unn' drôl' de musique,
Qu'minch' que chés biaux traits n'sont
[point vus,
Trint'-six candelle et puis l'nez d'ssus?

Parlé. Là-d'ssus madame et s'n amoureux sont filés comme des péneux, mi j'ai crié derrière leus dos : à r'voir, tas d'quiens.

Tout parlant d'quiens, j'ai l'invie d'vous moutrer min p'tit savoir faire, in vous racontant unn' drôl' de parate que j'ai vu hier inter deux quiens;

ch'est-à-dire, i gn'avot unn' quienne espagnole ave cun boule dogue, i faigeottent l'amour à leus manières; le gros quien qu'sin maîte appello Boâ, dijot *(aboyez)* boâ, boâ, boâ, l'quienne qu'on appello Finette, tournot s'queue comm' pour dire, qui ch'qui voudrot bien m'donner unn' séquoi? Min capon d'boule dogue li répondot, boâ, boâ, boâ; i s'approch'tent l'un d'laut' et là mes deux quiens s'pourlaiqu'tent à n'n'avoir l'iau à l'bouque, à la bonne heure, au moins, que j'm'ai dit, v'là deux quiens qui font l'amour in tout bien tout honneur, i n'ont point peur d'êt' vus, ch'n'est point comme ch'est deux gins d'tout à l'heure; allez, mes amis, je m'promets bien à chaque fos que j'rincontrerai des créatures qui n'saront point s'respecter, j'les corrigerai in leu répétant :

Le v'là, le v'là,
L'marchand d'chiffons, le v'là.

LE TESTAMENT DE MON ONCLE,

ou

Qui compte d'avance compte deux fois.

Dédié à M. F.ˢ H.......

Air : C'est la clé de la cave, après etc.

I.

Parlez d'unn' drôl' d'affaire,
Nous v'nons d'êt' bien gourés,
Pa m'n Onc Apolinaire,
Ch'est comme un fait exprès,
Ch'vieux capon nous fait dire :
« I faut v'nir un momint,
» Mes gins j'ai fini d'rire,   } bis.
» Et j'fais min testamint.

II.

D'êt' pus riche on pétille,
Vous l'savez bien comm' mi,
Aussitôt dins m'famille,
Tout l'mond' s'a réjoui.
On lampe unn' doule, on sorte,
Nous v'là chez l'moribond,
Duch'mint nous ouvrons l'porte, ⎫
.... I deschindot du s'gond. ⎭ *bis.*

III.

Ch'est bien li, quell' nouvielle,
Nom d'unn' tripe i va mieux,
Chacun s'dit, l'farce est bielle,
Bernic pou l'bours' du vieux.
M'n Onc' pour cloer nos bouques,
Dijot, rimpli d'transports :
« Je n'sus point pour les mouques
» Ch'n'est qu'un déring'mint d'corps. ⎭ *bis.*

IV.

Théress' pleinn' de malice,
Répond vous v'là sauvé,
Tant mieux, j'sut amatrice,
D'vous vir in bonn' santé.
Juliett', Lisa, Victoire,
In accoutant chés mots,

I faigeotte on peut m'croire,
Des nez comme des chabots. } bis.

V.

L'pus gouré dins ch'l'histoire,
Advinez un peü qui?.....
Ch'étot m'cousinn' Victoire,
Ell' dijot: « Vettiez mi !...
» J'ai donné m'tabatière,
» Pour y mette un p'tit bout,
» Sans doupe à m'grand' charnière
» On n'mettra rien du tout. » } bis.

VI.

M'n Onc' dit n'ayez pus d'peine,
J'sins bien qu'vous avez b'soin,
Victoir' Lisa, p'tit' reine,
Je n'vous oblirai point.
Enfin t'nez, je m'décide,
D'in finir aujord'hui,
J'comminch' par Ad'laïde,
Et j'li donne m'n étui. } bis.

VII.

J'donne à l'grand' Caroline,
Min patalon d'nankin ;
A Juliette m'cousine,
Un biau giliet d'satin ;

Infin j'donne à Charlotte,
Un vet'mint pus cossu,
D'Ingueltière unn' capote, } bis.
V'nant d'min frère l'bochu.

VIII.

M's infans vous n'êt's point riches,
Vou misère est pa d'ssous,
T'nez v'là chacun deux qu'miches,
Vous arring'rez les cous.
Accoutez, ch'est sans rire,
Les pans, les bras sont bons,
Mais j'nos'ros jamais dire. } bis.
Qui gn'a point d'macarons.

IX.

A ch't'heur' l'affaire est faite,
Unn' fos que j's'rai moru,
Vous porez vous permette,
D'prind' chin qu'vous avez vu ;
A min n'veu, chell' grand' biête,
De m'part vous présint'rez
Tout l'opposé de m'tiête, } bis.
Pour y fourer sin nez.

X.

Rien n'est rien dit l'proverbe,
Aussi mi j'ai vardé,

Ch'l'étui loin d'êt' superbe.
T'nez, v'là l'pur vérité,
Quand qu'même on s'rot dins s'manche,
On ara toudis tort,
D'carculer trop d'avanche, } bis.
Sur les sorlets d'un mort.

Infin j'donne à Charlotte,
Un vet'mint pus cossu,
D'Ingueltière unn' capote, } bis.
V'nant d'min frère l'bochu.

VIII.

M's infans vous n'êt's point riches,
Vou misère est pa d'ssous,
T'nez v'là chacun deux qu'miches,
Vous arring'rez les cous.
Accoutez, ch'est sans rire,
Les pans, les bras sont bons,
Mais j'nos'ros jamais dire. } bis.
Qui gn'a point d'macarons.

IX.

A ch't'heur' l'affaire est faite,
Unn' fos que j's'rai moru,
Vous porez vous permette,
D'prind' chin qu'vous avez vu ;
A min n'veu, chell' grand' biête,
De m'part vous présint'rez
Tout l'opposé de m'tiête, } bis.
Pour y fourer sin nez.

X.

Rien n'est rien dit l'proverbe,
Aussi mi j'ai vardé,

Ch'l'étui loin d'êt' superbe.
T'nez, v'là l'pur vérité,
Quand qu'même on s'rot dins s'manche,
  On ara toudis tort,
  D'carculer trop d'avanche,   } bis.
  Sur les sorlets d'un mort.

TRONQUETTE ET POLIDOR,

OU

UNE DÉCLARATION D'AMOUR BISCORNUE.

Sur l'air de : Ta blanche main.

REFRAIN.

Accout' Tronquette,
T'as tout m'n amour,
T'est unn' fillette,
Biell' comme l'jour!...
T'es là dins m'n'âme,
Comme un trésor,
Allons, sos l'femme
D'tin Polidor!
Aoui, aoui,
D'tin Polidor!...

Tronquette et Polidor.

I.

Quand j'vos tin groin,
Tin nez qui r'trousse,
Tes yeux briller,
Tin long minton,
D'près comme d'loin,
J'sin qu'tout cha m'pousse,
A t'esposer
M'déclaration.   } bis.

II.

J'taime comme un sot,
Accout' fillette!...
N'vas point r'pousser
M'déclaration,
Car t'attrap'ros
Unn' biell' tablette,
J'te f'ros danser,
Foi d'bon garchon.   } bis.

III.

Vas! rien n'me r'tiens,
Quoiqu't'es crochusse,
Ch'est bien conv'nu,
T'es bien pour mi,
Et j'te l'soutiens,

Te s'ros bochusse,
Cha s'rot l'même ju,
Tout est pour ti!... } bis.

IV.

Te dis qu'aoui,
J'sus fin benache!
Je n'veux pus rien,
Rien qu'tin p'tit cœur.
Je l'jure ichi,
Nou p'tit ménache
Marchera bien,
J'f'rai tin bonheur! } bis.

REFRAIN FINAL.

Bravo! Tronquette,
T'as dit qu'aoui,
Bravo! fillette,
Cha m'fait plaisi!
Te m'récompinse,
T'as bien raison,
Car quand qu'j'y pinse,
J'sus bon garchon!
Aoui! aoui!
J'sus bon garchon!

Un homme en goguette.

UN HOMME EN GOGUETTE.

Air du Postillon de Mam'Ablou.

REFRAIN.

Ch'est Mécredi, jour de marqué,
J'm'in vas fair' la noce;
Gar' du d'ssous, tantôt j's'rai queurvé,
A m'mod' que j'vas n'n'avoir unn' bosse,
J'in sus bien sûr, min vieux rossin, } bis.
Va m'fair' chiffler quéqu verr's de vin,
quoiqu' minchant i pass'ra pour bon,
Pour cha mi j'sut un luron.

I.

Vettiez cha,
Ch' pauf' Queva !
N'a pus d'haleine,
Pour mi point d'imbarras,
Loin d'ête in peine,
J'connos l'tour pou fair' du flafla !...

Vettiez cha,
Sus ch'queva,
Sans éporons comm' me v'la !
Sus sin dos,
Si j'vodros,
La chabotière j'dans'ros ;
On n'sarot jamais m'fair' du piche,
A mi l'coq, on l'sait tertous bien,
Dins m'n état si je n'sus point riche,
Ch'est de m'faut' mais cha n'me fait rien.

Parlé. (Imitant le galop) Hop! hop! hop! hop! hop! hop! hop! halte.... aoui! aoui! ch'est de m'faute, si j'aros volu d'dins les tems, quand qu'j'étos pus jeone, i falot m'vir à qu'va, aye! aye! aye! j'aros fait morir l'poulain l'pus vigoureux, il avot bian à caracoler, r'muer des gampes et m'faire sauter sus sin dos, uch' que j'dansos sans selle et sans éporons, bah ouiene, i n'y avot jamais *mèche* de m'faire bourler, du *crin* d'dins m'main gauche et m'n affilé d'l'aute j'li appliquos un grand cop d'talon dins l'vinte en li digeant *file* si te veux l'*haleine* n'me manqu'ra point. Quand qu' *Lalanne* a passé à Lille, i voulot à toutes fins m'avoir comme premier danseur à qu'va ; si m'femme arot volu m'laicher aller, ch'étot fini, i m'attachot

à s'n écurie, mais bernique, elle n'a rien
volu intinte, alors j'gagnos des doupes
d'dins min métier, d'au moins, mais j'avos
l'iau à l'bouque de m'vir in Mam'louck u
bien in Tartare à qu'va, et le r'fus de
m'femme ma tellemint trimoussé dans
l'tiête, que d'puis ch'tems là j'n'œuëf pus
d'bon cœur et j'bos pus souvint qu'à min
tour ; aujord'hui si j'vinds min qu'va
ch'est unn' ribotte assurée, allons, Mou-
mour, in route! filons au galop, hop!
hop ! hop ! hop !

Ch'est Mécredi, jour de marqué, etc., etc.

II.

Qu'va d'labour,
Ch'est Moumour,
Qu' cheull' biêt' s'appelle,
Pourquoi n'point l'surnommer,
Rosse l'puchelle,
Puisch' quell' n'a point connu l'amour ?
Cheull' jument,
D'tout sin tems,
N'a jamais eu d'mal d'infants,
J'm'y connos,
Foi d'Franços,
Et chint francs j'les pariros,

Ch'pauf' queva n'a pus d'poil au vinte,
Sin licol l'a tout machucté,
Pou l'guérir j'ai bien su m'y printe,
Veitiez, comme j'l'ai rappièch'té,

Parlé. Hoh! hop! hop! hop! hop! hop!
hop! halte.... ah! mais ch'est que j'sus
crân'ment r'nommé dins tous les pays
pour un vitérinnaire adrot et j'min fiche
man' pente, ch'est comm' pou ch'queva
ichi, sarites-vous advinner tout chin
qu'j'ai fait pou li donner unn' déguenne
et unn' tournure inglaisse comm' cha?
j'li ai fait avaler tros scéaux d'iau d'trippes,
un bas d'laine autour de sin cou, unn'
coplate d'ongan d'mer au croupion, les
pattes aux pieds, quéqu' bouillons pointus
à l'farine d'moutarte, un cataplasse sus
sin front d'graine de lin, parlez qu'tout
cha li a fait du bien !.... tros goutt's
d'essince d'thérébintine d'dins chaque
matin, pou calmer les picot'mints d'in-
testins, et j'lai récapé! Ch'est comm' sin
poil incor si noir! il étot troé, abimé
archi! parla! j'ai sacrifié un biau capiau
tout nuë qu'j'ai payé i gna à ch'l'heure
dix-j-ans siept francs et dix-siept sous in
étiant l'discompte, à Baptisse l'marchand
d'quiens, j'ai rappièch'té l'piau de ch'

queva in plaquant des p'tits tassiaux à l'coll' forte, et le v'la comm' si i sortirot d'unn' garde-robe ; j'vas l'vinte quarinte écus, on me n'a donné tros d'*écus* pour li coper l'*tiéte* et li fair' passer l'gout du *pain*, et cha pach'que l'*avoine* étot trop quère ; cha s'ra pour mi unn' biell' journée d'gagné si l'bonheur veut qui n'pleuch' point ; si quérot jamais de l'soupe d'quien n'y arot point d'*cas* pareil, tous mes implattes bourlerottent, et j'resteros péneux comme unn' andoulle..... allons, Moumour, in espérant qui continuche à faire biau, faigeons l'tour du *grand* marqué au *p'tit* trot, u bien non, pou paraite pus crâne, pernons l'grand galop, hop ! hop ! hop ! hop !

Ch'est Mécredi, jour de marqué, etc., etc.

III.

Vrai d'honneur,
Min bonheur,
T'nez j'vous l'l'assure,
Quand qu'on m'apporte un qu'va,
D'minchant' tournure,
Aussitôt je m'fais sin sauveur,

V'la pus biau,
Point d'coutiau,
Pou li coper sin gasiau,
Bon garchon,
Je m'dis non,
« Te n'morras poin à m!mason !....
» J'm'invas d'puis les pieds jusqu'à l'tiête,
» T'arringer et t'vint' sus l'marqué,
» De t'laicher viv' je m'fais unu' fiête,
» Par mes soins te s'ra récappé. »

Parlé. Hop! hop! hop ! hop ! hop ! hop ! hop ! halte... et cha ch'est vrai, d'au moins, cha m'touch' toudis quand qui m'faut tuer un qu'va! à quoich'que min père à pinsé de m'faire apprinte un métier comm' cha? L'auter fos je n'n'avos un si triste eh non, qu'min cœur faigeot doucque ! doucq ! j'le r'vette, j'vos qui rabache s'queu, cha m'rabache les bras et j'sins mes gampes qui flottent dins mes bottes, infin je m'dis, te n'morras point, j'veux t'faire vife et t'vinte à l'caval'rie, à tout l'moins si te meure cha s'ra pour la patrie ; in li tâtant l'pou j'vos qu'il a les poquett's volantes, autermint dit la p'tite vérole, *désolé* pour li, j'laich' quer tout m'n attirail et j'm'invas boire une goutte *d'consolation,* d'unn' vient à deux, tros, quatre, infin je n'n'ai tant bus qu'je n'n'ai dormi su l'table, D'siré, l'pousseu d'viningrette, vient lamper unn' doulle, i me r'counot, sin comarate Laguisse li donne un cop d'main et v'la qu'je pourmène in voiture comme un mylord inglais, tout d'un cop je m'réveille in sursaut, j'pinse qu'on m'fait unn' farce, j'buque des bras et des gampes d'dins les vites, derline ! derline ! derline ! pif ! pouf ! paf ! patatrac !... tout l'monde s'ramasse, on crie soulot derrière min dos, et deux chints applopins m'font la conduite, arrivé à m'mason :

(Chantez sur l'air) La victoire in brayant
Nous ouvre l'port' de l'cafe.

On m'met dins l'lit et j'ai ronflé comme unn' toupie d'Allemane, infin aveucq unn' dijaine de francs je n'n'ai vu l'tour.

Ah cha, tout blaguant j'oublis min commerce, gna donc point d'amateurs pour min qu'va? tiens si, in v'la un.

— (Flamand) Bonzour, marsand.
— Salut, Ladrousse.
— Combien vendez-vous ton s'val ?
— Ch'est point un qu'va, ch'est unn' jumint.

— C'est éhal, combien vendez-vous ton s'val?

— Quand qu'on t'dit qu'ch'est unn' jumint, flamind.

— Ah! c'est diff'rent.

— Quoi dix francs! t'et unn' fameuss' pratique incor, vas, ti.

— Ze vous prie, si té veux bien, de ne pas insulter personne.

— Et quoich'qu'on t'dit d'mal, sénéchal?

— Ze m'appell' pas sénéchal; allons, zeune homme, combien veux-tu vendre vot' seval?

— Vous n'larez point pour un doup' de moinsse qu'chint vingt-chinq francs.

— Trop sher! c'est diff'rent.

— Ah cha, vieux salop, te nous imbête aveucq tes dix francs, te pinse que j'sut ichi pour t'servir de marionnette.

— Allons, au zuste, combien veux-tu vende vot' seval?

— Vas t'coucher, flaüte, et n'avanch' pus auprès d'mi pach'que t'allonche un papin su l'groin, t'iras t'pourmener aveucq cha dins tin pays.... tiens, j'm'in r'vas, allons, Moumour, in route et du leste, hop! hop! hop! hop!

REFRAIN FINAL.

Viens nous in, te n's'ra point vindu,
Cha prind tout l'tournure,
D'un marqué mort, et j'ai perdu,
A ch'matin, vingt francs, j'te l'l'assure.
Je r'grette à ch't'heur' min biau capiau,   } bis.
I n'min reste pus un morciau,
Pindant huit jours faudrot t'norrir,
Je n'veux point, j'vas t'démolir :

LE BOUTE EN TRAIN.

Air : Brididi, brididi, brididi, di, di,

ou

C'est mirobolant, vive le firmament

REFRAIN.

Vite allons,
Compagnons,
Cantons des canchons,
Des morciaux,
Tout nouviaux,
Je n'n'ai des fins biaux,
V'nez nous s'amus'rons,
V'nez nous rigol'rons,
Pour cha mi j'sus des bons.

Le Boute-en-train.

I.

Vous m'connaichez bien.
Ainsi n'dites rien,
T't'à l'heur' vous allez rire,
Min premier morciau,
Je l'donn' comm' fin biau,
Tout fraiche on vient d'l'écrire.

 Vite allons, etc.

II.

J'm'in vas vous canter,
Si j'peux m'in rapp'ler,
L'histoir' d'un homme avule,
I prind sin lav'mint,
L'garchon sus l'momint,
Dins s'bouqu' foure l'canule.

 Vite allons, etc.

III.

T'nez putôt j'm'in vas,
Sans fair' d'imbarras,
In pernant l'verr' de bière,

Vous canter tout d'bon,
L'histoir' de Mad'lon,
Et d'sin quartier d'derrière.
    Vite allons, etc.

IV.

Vrai, sans gramint d'ma,
J'vous cont'rai tout cha,
J'vas tacher d'vous distraire,
Ou m'verrot bisquer,
Si m'faudrot rester,
Là comme unn' andoull' d'Aire.
    Vite allons, etc.

V.

R'connaichez qu'ichi,
Ch'est un vrai plaisi,
Rien d'mieux qu'cha n'vous anime,
Canter, rire un cop,
On n'rit jamaîs d'trop,
Vaut mieux fair' cha qu'un crime.
    Vite allons, etc.

VI.

Vettiez mes garchons,
A eh't'heur' nous avons,

Des morciaux à la mode,
Ou in trouf des tas,
Dins des arménas,
Conv'nez qu'ch'est bien comode.

  Vite allons, etc.

VII.

A Paris, là bas,
Ch'est d's airs d'opéras,
Des canchons parisiennes,
Mi j'sus franc Lillos,
Je l'dis foi d'Franços,
J'aim' tout autant les miennes.

  Vite allons, etc.

VIII.

Vous povez m'chiffler,
Loin de m'fair' bisquer,
J'in rirai comm' tous l's autes.
Gna longtems qu' j'ai dit,
N'y a qu'les gins d'esprit
Qui s'fich'tent des piqu'nautes.

  Vite allons, etc.

IX.

T'nez dins chell' canchon,
J'cros qui n'y a rien d'bon,
Pourtant d'vant mille personnes,
J'dirai pou l'momint,
Qu'on n'n'a fait souvint,
Qui n'étott' point pus bonnes.
  Vite allons, etc.

SIR JOHN BULL,

ou

L'ÉDUCATION FRANÇAISE D'UN ORIGINAL,

SCENE BURLESQUE.

Dédiée à Monsieur Henri SIX. (*).

(L'Anglais assis et se parlant à lui-même).

Aoh ! qué jé souis fatigué dans le jambe, j'ai été forcé en *chemin de faire* le traversée dedans lé rivière de la mer, oh ! yès *(il se lève).* C'est égal, jé souis également très-fort content dé me trouver sur lé terre française, aoh ! yès....

(*) Cette Chansonnette est gravée ; musique de Lefebvre, et se vend chez tous les Marchands de Musique de notre ville.

I.

Mé voilà venu sur lé France,
O ! god sève, O ! jé souis charmé,
De mener une existence
Très-contente.... yès, en vérité,
Je voulais plous dé Angleterre,
Cett' pays toujeors ennuyeux,
Qui rendait toujeors sur son terre
Tom et moâ toujeors malheureux.

Yès, Tom, le chien de moâ, il se potait pas bien du tout dans lé Britanique, il avait continiouellement lé douleur dans lé ventre et aussi dans le tête, Mossé le médecin pour les chiens il disait à moâ de loui faire prendre les eaux ! très-bien, je disais tout de souite et je essayais de donner à loui des petits os de poulets, mais Tom il disait no avec son tête, je disais à Tom, Tom ! Tom ! Mossé le médecin de vô, il avait ordonné à moâ de vous faire prendre les eaux, et je voyais que vous préférez lé viande, volez-vô un morceau de rosbif ? Lé chien il disait yès avec son queue, alors je donnai et je sauvai loui et pouis nous avons parti de mon pétrie, que je trouvais pas bonne du tout pour le santé de mon petit chien et pour l'éducation de moà, oh goddem !... je allais trouver tout cette chose dans lé France, je venais joustement le demander à Monsieur Grasdelard, le maître de cette hôtelle, qu'il m'apporte quatre professeurs, un de langue pour le parlement, un de pointe pour lé douel *(il feint de faire des armes)*; un de chant pour lé miousique *(il chante sur l'air de la Monaco :*

Un maître de chant, yès, pour le chantement.

Pour le chant miousical, et pour lé petite française que j'aimai très-fort, je apprendrai lé petite polka *(ritournelle piano), il danse.*

Notez la polka. Je voulais sauter moà, et très-bien danser lé polka, je voulais sauter moà *(il tousse),* mais dans ce moment ici je pouvais pas, le poumons de moà ils étaient indisposés par le mal dé mer que jé avais attrapé dans lé rivière avec le bêteau; Tom il avait aussi attrapé quelque chose, je disai à loui de attraper un rat qui venait dire bonjeor à moà dans le bêteau, le chien il sautait après loui, il faisait de souite... il attrapé un rhoume de cervelle, mais aujord'hui lui et moà, nous potons très-parfaitement bien et je suis dans lé enchantement, aoh ! yès......

REFRAIN.

No! no! no! plous dé Angleterre,
Je voulais devenir Français!...
Maintenant dans le caractère,
Je disais zut!... pour les Anglais.
   Oh! yès.

(On frappe). Oh!... qui est-ce qui donnai des coups de bâton à la porte dé mon appartement?
— *(Une voix éloignée).* Sch'est moi.
— C'était vô?.... très-bien!.... parfaitement!.... mais je caonnaissais pas du tout, entrez également.

II.

PROFESSEUR DE LANGUE.

Oh pardon! Moschieu sche decousche,
Schir John Bull estche bien is'chi,
Je schuis Jean Frédérick Bellebouche,
Professeur de français....

L'ANGLAIS.

........merci,
Pardonnez si je vous harangue.

— Jé avais fait appeler vous,
Pour que vous montrez votre langue,
Car vraiment il me plaît beaucoup.

BELLEBOUCHE. S'je schuis à vos sch'ordres, Monsieur schir sJhon Bull, sch……i vous voulez nous commench'…………rons *(le chien aboit).*

L'ANGLAIS. Mossé Bellebouche, je vo priais si vô plaît, tout d'souite, de ne pas toujeors faire XXXX, car le chien de moà il pourrait fort bien mettre ses dents dedans le dedans de votre mollet.

— Comment, Monchieufche schien scherajt assez stupide pour schauter sur les perschonnes qui se préschentent schez vous?

— Mossé… je souis fâché que vous appelez moà ou plutôt que vous appelez mon chien stioupide, si vous continuez je allais mettre vô dehors de mon appartement.

— Monschieu vous êtes un insolent !….

— Goddem! vous disais que je souis un insolent?

— Oui! oui! monschieu, et j'sch'rai ch'est le commisschaire.

— Attendez, je allais envoyer lé commissaire à vô: Tom! Tom! Tom! XXX venez

prendre de viande dans le jambe de
Bellebouche pour mettre dans ton gueule,
XAX *(il rit aux éclats)*, ah! ah! ah! ah!
Mossé Bellebouche il avait jougé à propos
de descendre loui sans dire bonjcor à mon
commissaire *(il rit)*, eh! eh! eh! eh! il
faisait très-bien, car le petit Tom de moà
il aurait trouvé son nourriture dans le
couisses ou bien dans les mollets de
Mossé Bellebouche, oh! yès, maintenant
que nous étions seuls, Tom et moà, je voulais encore chanter.

REFRAIN.

No! no! no! plous dé Angleterre,
Je voulais devenir Français,
Maintenant dans le caractère,
Je disais zut! pour les Anglais.
Aoh! yès.

(On frappe). Encore une fois des coups
de bâtons sur le porte?.... Si vô plaît,
tournez la petite manivelle et poussez lé
porte en dedans.

III.

(Tirpoint, Professeur d'escrimes, *Gascon*).
Mossieu, je viens bour vous abbreudre

Le vrai moyen tans un compat,
Sans vous gêner te vous téfendre,
Contre le plis mauvais soltat.
C'est Jean Tirpoint que l'on me nomme,
Je suis brofesseur te pâton,
Cent fois j'ai su tuer mon homme,
Bourtant je suis très-pon carçon.

— Ternièrement encore je fenais t'être inzulté bar un Anglais qui disait comme ça *(il imite l'anglais)*. Mossé, fatigué *d'être Anglais* je voulais mourir sans me *pendre*, povez-vô me ôter le existence tout de souite, je dirai à vô merci. — Il avait l'air si pête que che me suis tit, c'est tit, je lui fis tourner le dos, et ine, teusse et troisse, patatrac, la machine était faite, je lui avais enlevé la machoire supérieure, supérieurement en lui tonnant l'épée dans les reins.... eh pien, ce mal élefé ne m'a sélement pas payé la coutte.

— Mossé le marchand de sabre, vous me faites sortir de mon makintosche quand vous disais que lé Angleterre est bête.

— Tiens! tiens! tiens!.... mais... vous êtes donc aussi un te ces credins d'Anglais, un instant mon pipi, je fais fous tremper la soupe, allons, gare au bouillon!....
(Il se met en garde).

— Mossé *(avec peur)*, je voulais pas du tout de *soupe, grâce! grâce!*

— Et pien! on t'en trempera te la maigre.

— Tom! Tom! Tom! à XXXX, prenez de viande à ce gros bœuf, XXXX *(aboiements)*.

— Attends, mon caillard, je vais t'envoyer dormir à l'ombre, ine, teusse et troisse, v'lan *(Le chien hurlant: aye! kaye! kaye!)* là, te voilà servi.... Milord, je fous souhaite lé ponsoir, jusqu'au plaisir.

— L'Anglais en pleurant: Aoh! goddem, ce grand diable il avait enfoncé son morceau de fer dedans le peau de mon chien, et il avait aussi touché le chair, cette pauvre bête d'animal il sentait très-fort lé souffrance, pauvre petite chienn', je mettrai à vô un cataplasme sur vôtre dos de farine de moutarde, je vous mettrai les pattes aux pieds pour le mal dé tête, et je rendrais vô content pour toujeors ; malgré tout lé malheur nous chantons ensemble encore toujeors.

REFRAIN.

No! no! no! plous dé Angleterre,
Je voulais devenir Français,

Maintenant dans le caractère,
Je disais zut ! pour les Anglais.
Aoh ! yès.

(On frappe). Aoh !...... *(On frappe)*. Aoh ! qui est-ce qu'il parlé sur lé porté de moâ.

IV.

(M. Pointdorgue, professeur de chant).

Ouvrez-moi donc, belle pratique,
Entrer chez vous, voilà mon but ;
Je suis professeur de musique,
Et je viens vous pousser mon Ut.
Comme un long bâton de trois pauses,
Vous me laissez-là sur le sol,
Evitez ces sortes de choses,
J'ai vraiment l'air d'un si bémol.

— Allons ! voyons ! dites-moi donc *sir John*. Est-ce que vous me prenez pour un *cierge* ou pour une *chandelle bénite ?* Je commence à m'impatienter.

— Mossé, je souis absent.

— En voilà du toupet ; je suis le professeur de *(il chante)* :

Mi mi fa ré mi, ouvrez, mon petit,
Mi mi fa ré sol,.... ouvrez, rossignol, ol.

— *(L'Anglais en donnant la même intonation).* Ohl, hol, hol, quand vous me direz ol jusqu'à demain, et pouis rossignol et encore ol, et encore rossignol, vous êtes un oiseau que je connaissais pas du tout.

— Décidément l'Anglais ne veut pas comprendre, préparons-lui une scène tragique en quatre temps *(le chanteur se retourne sur l'accompagnateur)*, allons Ut *(il essaie en chantant)* Ut, Ut, Ut, c'est bien ça maintenant, une mesure pour rien et l'autre à crédit. Attaquons : *(ridiculiser le chant sur l'air du Pèlerin de St-Just).*

Mon Anglais, tu fais ta bête,
Qui je suis, tu vas le savoir,
Moi que personne n'accompagne,
Et qui vient pour gagner vingt sous.

— Je suis *(parlé)* Pointdorgue, vexé comme un coucou vexé, oui, je suis Pointdorgue, professeur de musique et fabricant de pains à cacheter dans mes moments perdus.

— Mossé.... sir John il voulait pas du tout lé pain à cacheter.

— Décidément l'Anglais y tient, il ne m'ouvrira pas, décidons-nous à jouer une scène de la Fille de l'Air, et partons avec le déficit; vingt sous de perdus. Adieu vieil inconnu ! si j'étais propriétaire d'un être aussi malhonnête que toi, je te chanterais bien vite *(sur l'air lent)*.

Vas-t-en d'ici.... de cet a si.... le........
Oui, vas-t-en d'ici je te chasse!...
Mais pas mèche, je ne suis propriétaire que d'une masse de.... dettes.... allons!

Chantez sur l'air : Adieu vieux bonhomme, tu seras mon héritier.
Je pars, mon Dieu guide mes pas vers la fortune.

Tiens ! voilà peut-être un professeur de n'importe quoi qui va subir mon sort; abordons-le..... Pardon, monsieur! vous cherchez sans doute après quelqu'un?

(Lourdeaux, professeur de danse, il bègue).

— Mo mo mo monsieur, la la la raison est bo bo bo bon...ne, je suis loin de m...e promener.

— Vous êtes professeur, sans doute?

— Comme vous le di d...ites, mo...nsieur. A B C D mo...n enfance à exercer mon
a bais sé dès
E état de maître de dan dan...se, F effrayé par les p p p peines qu'on y épr...ouve, G j'ai toujours dit qu'il fallait être loin de faire un paresseux, d'être l'H enfin, pour
lache

professer afin de gagner son pain ;
I diot que je fus, j'aurais pu pa pa partir
pour l'armée, J suis resté et depuis
j'y
qu....inze ans je suis dans un b...ien triste.
K, ma mère, allemande, me disait toujours:
cas
(*imitez le baragouin*) Pétit carçon, ta mère
L, M, peaucoup lé tanse.... il fallut lui
elle aime
obé...ir tout cri criant N O métier.
haine au
Quelque fo...is elle s'apercevait de mon
dé dé...goût, alors le sermon d'usage me
tomb...ait sur la colloquinte, P tit, qu'elle
pe
me disait : « Il faut toujhours qu'ine
mère soit opéie... Inutile de vous dire
Q' une volonté semb...lable fut respectée
en
R, S, T, danseur, c'est ce que je fis.
et res ter
U une dernière et bo...nne pensée m'arriva
et je me suis dit V ritablement j'ai tort,
vé
W véxant que que que soit le métier,
double v
commençons sérieusement nos études, j'ai
suivi les principes de mes deux professeurs
X et Y, et Z j'ai tranché la que que question :
voilà, mo mo Monsieur.
— J'ai compris votre alphabête, Mon-

sieur, et je vous demande pardon de la pause académique que vous avez faite pour moi.

— A votre service, Mon...sieur.
— Dites-moi, professeur malheureux, que demandez-vous ici ?
— Monsieur s......ir J......ohn Bu......ll.
— Vous ne pouvez pas mieux tomber, je viens de........ chez lui, montez jusqu'à l'entresol et là vous entendrez sans doute chanter l'individu, adieu !
— Bo.......on jour, Monsieur, voyons, c'est ic......i, écoutons avant de frapper, pan pan pan dant ce temps-là il chantera peut-être.

REFRAIN.

L'ANGLAIS.

No! no! no! plous dé Angleterre,
Je voulais devenir Français,
Je disais, dans le caractère,
Yès, je dis zut ! pour les Anglais.
Aoh! yès.

— On frappe (*l'Anglais avec colère*): God-dem! Mossé : le personne que je caonnaissais pas du tout, povez-vous me laisser toute seule avec mon chien, si vô plaît, vous me ferez un plaisir très-fort.

— Mo mo mosieur s......ir J......ohn, votre DO, DO, DO, domestique a qui j'ai demandé SI, SI, SI, vous étiez bien en LA, LA, LA, la maison, loin de me répondre *ut* il m'a dit qu'un SOL, SOL, SOL, solliciteur aussi doux que moi aurait été bien reçu; en FA, FA, FA, vorisant si mal m'a personne, vous me faites revenir sur le MI, MI, MI, nutieux soin que j'app...ortais tout d'abord à vous parler, croyez-moi, Mo mo.....nsieur, b....bais sez la voix, prenez un autre ton, en RÉ, RÉ, RÉ, répondant plus doucement, par ce moyen vous ne me ferez pas regretter d'avoir pu *monter* jusqu'au DO, DO, DO, micile d'un étranger mal élevé, p....our en *descendre* avec des *syncopes*.

L'ANGLAIS. — Par lé parlement je voyais que vous êtes encore un professeur de miousique, mais beaucoup plous moins malhonnête que cé malhonnête de Mossé Pointd'orgue, attendez une seconde, je souis à vô dans cinq minutes, je mettais le pantalon de moâ et je allais ouvrir à vô....... là!....... entrez, Mossé Syncope.

V.

(LOURDEAUX, boiteux qui marche tout chantant).

C'est c'est c'est c'est ici, je pense,
Que que que que vous demandez
Un pro pro pro fesseur de danse,
Enfin c'est vous qui m'appelez.
Lour Lour Lour deaux, c'est moi qu'on cite,
Pou pou pou pour un bon danseur,
Et je viens vous rendre visite,
Flatté, Mossieu, de cet honneur!

L'ANGLAIS. — Mossé Lourdeaux, vous êtes bien luisant.

— Mo mossieu, ne ri riez pas de ma misère.

— Oh! oh! je trompais moâ dans lé parlement, je disais que vô étiez très-poli.

— M....erci Milord.... mais parlons don don donc de de de dan...se.

— Oh! yès, montrez le polka, si vô plaît?

— Mossieu, a vant de pouvoir lire on doit apprendre l'alphabet, nous allons commencer par une étude *(piano, jouant l'air)*:

Non, ce n'est pas cher un Anglais pour un liard.

(Parlez tout dansant).

L'Anglais. — Yès, je comprends parfaitement bien que vô vous fichez de moâ, vous dansez et vous disez que c'est pas cher un Anglais pour un liard.

— Mo mo sieu vous vous trompez, je suis un sauteur pour tout le monde, et je ne me moque de personne.

— Yès, vous étiez véritablement un sot de choisir joustement cette bête de chanson pour le danse, montrez à moâ le walse.

— Volontiers, Mo........ssieu, et pour observer les distances, nous dé dé signerons pour cha chaque temps des objets bien distincts ; attention, je co..........mmence *(Il valse, piano)*.

    Un pas du côté d' la porte,
    Un pas, retenez-le bien,
    Un pas et je me reporte,
    D'un pas du côté du chien.

Le chien hurle, haye ! haye ! haye ! *(L'Anglais en colère)*. Aoh ! goddem ! vous avez valsé sur lé queue de mon chien.

— Pa pa pa pardon ! pou pou pour ce malheur, j'en suis réellement fâché, mais après tout ce n'est qu'un chien, Mon...sieur.

— Mossé Lourdeaux, si vous me traitez

encore de chien, je boxerai vô, et je ferais danser sans miousique.

(*Le danseur à part*). — Voici le vrai moment de nous montrer...... filons...... (*haut à l'Anglais*). Mo....ssieu, je ne sais point ce que c'est de se battre aux coups de poings comme les n'importe qui, je méprise ce genre de combat ba ba ba battez vous tout seul, je me retire, car avec un étranger bou.... bouché comme vous, je vois qu'il faut par trop mettre les points sur les is, si l'on veut éviter d'a d'a d'avoir les poings sur les os; bonjour, Mo....nsieur, p.. ...ortez-vous bien, j....e paierai le médecin.

L'ANGLAIS, (*apaisé*). — Il partait, il faisait parfaitement bien, car je faisais étrangler loui par mon chien (*il appelle son chien*), Tom ! Tom ! vô potez bien par lé queue ? yès ? très-bien !.... voyez petite chienne, je renvoyais tous ces (*il tousse*), tous ces stioupides de bêtes de professeurs pour le contentement de vô et le satisfaction de moâ : le premier il faisait toujours à vô XXX i... le second, il voulait brûler mon cervelle avec son morceau de fer; le troisième, il appelait moâ rossignol; oh! oh! et le quatrième, il prenait lé queue de vô pour lé plancher; aoh! Tom, pour le santé de vô et l'éducation de moà, je vais apprendre toute seule, je savais déjà parler un petit peu, pour le douel je boxais très-bien, pour lé danse, si je me trouvé forcé de faire le polka, je réfléchirai tout d'souite que je souis malade, pour le miousique je savais déjà beaucoup chanter, je caonnaissais un morceau de romance admirable qui charmé toujeors quand le bouche de moà elle lé chante, oh! yès.... Ecoutez, Mossé. C'était un jeune homme qu'il disait à une demoàselle que son poitrine il brûlait dans son cœur, oh! no! no! no! que, que son estomac, no! no! que son cœur.... yès, que son cœur il brûlait dans son poitrine, et il chantait comme ça tout doucement :

(Chanter très-fort et sur un ton très-haut).
(en la, par exemple).

Couplet d'amour.

Aoh! aoh! charmante demoâselle,
Je souis parfait'ment very well,
Vous éte... absolument plous belle,
Aoh! yès... plous belle que le ciel.
Croyez que mon poitrine il craque,
Et là dedans mon estomac,

Je sens lé amour qu'il attaque
Le cœur de moà faisait tic tac.

Aoh! que je chantais volontiers cette chansonnette, le cœur de moà il faisait aussi tique, tac, toujeors... *(il s'adresse au public)*, le cœur de vous il faisait pas tic, tac?... no?... si?... no?... si?... si, si, je savais bien, vous direz pas, mais certainement il faisait assurément tic et tac, et tic et tac, et encore une fois tic et tac, moà je sentais lé amour très-fort pour lé demoàselle française et je allais chercher elle dans le France; en attendant de aimer elle, je allais aimer encore toujeors mon petite chien et je vais chanter avec loui.

REFRAIN FINAL.

No! no! no! plous dé Angleterre,
Je voulais devenir français,
Maintenant, dans le caractère,
Je disais prut! pour les Anglais,
Aoh! yès.

AVEU

Fait à la BARBE de ceux qui en ont.

Quel *toupet*, direz-vous, ce chansonnier nous *rase*,
C'est à faire dresser la pointe des *cheveux*,
Il *frise* de très-près, dans mainte *périphrase*,
L'*apostrophe* et souvent il rit des malheureux.
Qu'ai-je donc à répondre ici pour ma défense ?
Rien, absolument rien !... je m'accuse et je dis :
Trop vite absolument j'écris ce que je pense,
Pour moi les *calembourgs* sont des mots *favoris*.
D'une balle affrontant peut-être la *virgule*,
Je m'attache au détail, *petits points*, *traits-*
(*d'union*;
Puis lorsque je découvre un sot, un ridicule,
Je veux l'anéantir par ma *narration*.
Respect à l'homme sage, à la vieille *moustache*,
Devant des *cheveux blancs* plus de *front*, de
(*toupet*,
La satire s'envole et mon *rasoir* se cache,
De critiquer alors je n'ai plus le sujet.

Tout me donnant des torts, pardonnez à la ruse,
Ne me bannissez pas pour quelques à-propos,
A mettre tous mes *points* sur mes I je m'amuse,
mais vous, ne mettez pas tous vos *poings* sur mes
os; Il faudrait, pour certain, alors courber le dos.

J'ai répété cent fois..... au loin chanson risible,
Jeux de mots, calembourgs, au loin car c'en est
(trop,
Malgré moi j'y retombe, ah! vraiment, c'est
(terrible,
Chassez le naturel, il revient au galop.....
Enfin pour terminer, lecteur, je dois vous dire,
A vous dont je reçus un bienveillant accueil,
Pardon! mille pardons, si par trop j'ai pu rire,
Je serai moins piquant dans mon prochain
(recueil.

TABLE.

Préface . . . . *Pages.*	5
Le Marchand de Pain d'Epices, ou le Mercredi des Cendres	11
Une Habitante du Réduit, réduite à balayer les réduits.	18
Ph'lippe-André l'Propriétaire, ou destruction certaine des animaux malfaisants.	21
Dominique au Bureau de Ventes.	27
Les Poquettes volantes, ou les malheurs d'un joli garçon	32
Christine et le Collégien.	38
L'Abbaye de Loos, ou les regrets d'un Détenu	44
Charlotte en Chemin de Fer.	48
Le Tambour-Major du Mardi gras, ou le bon cœur d'un homme sauvage.	54
Les deux Ivrognes, ou l'union ne fait pas toujours la force (de caractère).	60
La Carabine Lilloise, ou danger d'aimer par trop vite	74
Zabette et Milord Pouf, ou la diseuse de bonne aventure	82

Les Visites matinales, ou Jean-Louis le Paresseux	98
P'tit Jot à l'Ducasse de l'Madelaine, ou contentement passe richesse	94
Le Marchand de Prunes et les époux Blanbec chez le Commissaire	105
Isidore, Loch' de Quien, ou le Chiffonnier vertueux.................	111
Le Testament de mon Oncle, ou qui compte d'avance compte deux fois	119
Tronquette et Polidor, ou une déclaration d'amour biscornue	124
Un Homme en goguette	127
Le Boute en train	136
Sir John Bull, ou l'éducation française d'un original	141
Aveu fait à la barbe de ceux qui en ont. .	160

waremmes, imp. de horemans.

Musique des FANTAISIES Contenues dans ce RECEUIL

2.

N.º 1. Le Marchand de Pain d'épices.

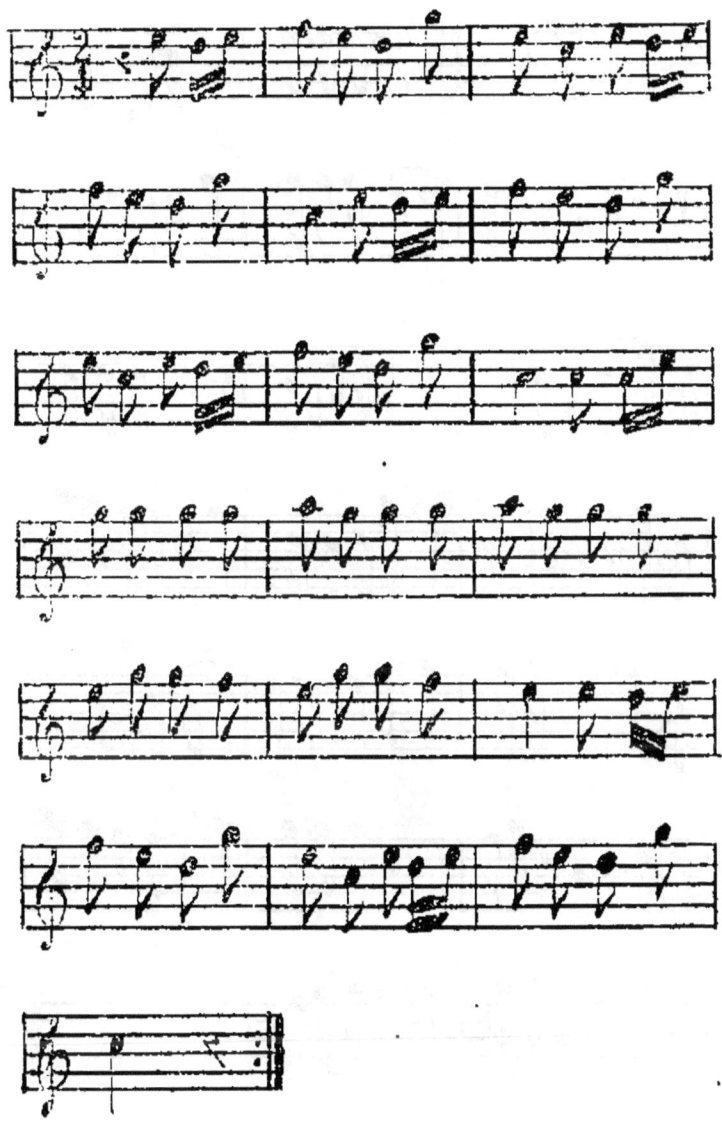

N.º 2. Une Habitante du Réduit.

N°3 Philippe-André l'propriétaire.

N.º 4. Dominique au Bureau de Ventes.

N.º 5 Les Poquettes volantes.

N.º 6. Christine et le Collégien.

N.º 7   l'Abbaye de Loos.

10.

11.

Nº 8. Charlotte en Chemin de fer.

N.º 9   Le Tambour-Major.

Nº 11.   La Carabine Lilloise.

16

N.º 12 Zabette la Tireuse de cartes.

N.º 13. Les Visites matinales.

N.º 14   Petit Jot.

N.º 15. Le Marchand de Prunes.

23.

Nº 16. Isidor loche de quien.

N.º 17. Le Testament de mon Oncle.

27.

Nº 18. Tronquette & Polidor

N.º 19. Un Homme en goguette.

31.

N.º 20. Le Boute en train.

www.ingramcontent.com/pod-product-compliance
Lightning Source LLC
Chambersburg PA
CBHW050331170426
43200CB00009BA/1551